# 老有所依

## 第二、三支柱养老保险法律制度构建研究

任自力 主编

法律出版社
LAW PRESS·CHINA
北京

图书在版编目(CIP)数据

老有所依：第二、三支柱养老保险法律制度构建研究 / 任自力主编. -- 北京：法律出版社，2023
ISBN 978-7-5197-7820-0

Ⅰ.①老… Ⅱ.①任… Ⅲ.①老年人权益保障法-研究-中国 Ⅳ.①D923.74

中国国家版本馆CIP数据核字(2023)第065160号

| | | |
|---|---|---|
| **老有所依：第二、三支柱养老保险法律制度构建研究**<br>**LAOYOUSUOYI：DI-RE、SAN ZHIZHU YANGLAO BAOXIAN FALÜ ZHIDU GOUJIAN YANJIU** | 任自力 主编 | 策划编辑 沈小英<br>责任编辑 杨大康<br>装帧设计 汪奇峰 |

**出版发行** 法律出版社
**编辑统筹** 法治与经济出版分社
**责任校对** 王 丰
**责任印制** 吕亚莉
**经　　销** 新华书店

**开本** A5
**印张** 7.25　**字数** 179千
**版本** 2023年6月第1版
**印次** 2023年6月第1次印刷
**印刷** 固安华明印业有限公司

地址：北京市丰台区莲花池西里7号(100073)
网址：www.lawpress.com.cn
投稿邮箱：info@lawpress.com.cn
举报盗版邮箱：jbwq@lawpress.com.cn
销售电话：010-83938349
客服电话：010-83938350
咨询电话：010-63939796


**书号**：ISBN 978-7-5197-7820-0
**定价**：69.00元
凡购买本社图书，如有印装错误，我社负责退换。电话：010-83938349

# 老有所依：第二、三支柱养老保险法律制度构建研究

项目负责人：任自力

项目组成员：朱晓婷　乔　石　李　游

乔　乔　田宇申　田桂瑶

# 序　言

“发展多层次、多支柱养老保险体系”是党的十九届五中全会提出的健全我国多层次社会保障体系的重大举措和发展目标。经过几十年的发展,我国目前已初步建立起了世界银行推荐的“三支柱”养老保险体系,即作为第一支柱的国家基本养老保险,作为第二支柱的企业年金和职业年金保险,作为第三支柱的商业养老保险。然而,这三支柱之间的发展不够均衡。其中,第一支柱发展迅速,覆盖近10亿人,已经成为世界上覆盖范围最广和支付规模最大的公共养老金制度之一,但第一支柱更多用于保障公民基本养老需求,保障水平较低;第二支柱主要集中于各级政府机关、大中型企、事业单位,虽然经过近十余年的发展,但覆盖范围和体量总体偏小,尤其是企业年金,它以企业持续盈利作为参与条件,造成此项制度一直发展缓慢、覆盖率较低,小微型企业参与程度较弱;第三支柱的发展则刚刚起步,规模很小,在发展模式和产品供给等方面均与发达国家存在较大差距,如个人账户与税收优惠的衔接、相关金融产品的养老保障特征等,尚未形成确定标准。第二、三支柱均未能充分发挥其作为补充养老保险制度的重要作用。

随着我国人口老龄化速度的加快,作为第一支柱的基本养老保险已负担很重,国家面临的养老金支付压力日益严峻。虽然有国有资本划转社保、延迟退休等措施或规划，但仍难以扭转养老金替代率逐步下降的趋势。我国基本养老保险的替代率近年已不足50%。在此情形下，及时构建优化我国第二、三支柱养老保险法律制度，充分发挥年金和商业养老保险的制度价值，对于我国三支柱养老保险体系的健全发展至关重要。

现有成果多数认为，我国现有第二、三支柱养老保险立法层级有待提高、规范内容有待更新。立法的滞后已经影响到第二、三支柱的健康发展，并使我国三支柱养老保险体系长期处于第一支柱独大，第二、三支柱弱小的失衡状态。不少研究都指出，税收优惠制度会极大地促进企业年金和商业养老保险的发展。这些研究在客观上揭示了我国养老保险体系的现状，丰富了我国三支柱养老保险体系的内涵，并推动着我国养老保险制度的完善。但整体而言，现有研究缺乏对我国第二、三支柱法律制度运行现实的实证系统分析，相关研究成果呈现出碎片化、分散化、非体系化甚至表面化的特点，远不足以为我国第二、三支柱养老保险法律制度的发展提供充分理论支撑。同时，新时期我国第二、三支柱养老保险体系的重大发展，也要求理论研究能够与时俱进，为社会实践提供更多支撑。如2020年12月16日至18日召开的中央经济工作会议上，明确提出"规范发展第三支柱养老保险"，加强第三支柱法律制度建设；《国民经济和社会发展第十四个五年规划和2035年远景目标纲要》亦明确提出"发展多层次、多支柱养老保险体系"。

本书共分为三编十二章，第一编企业年金法律制度，下设四章，依次为：企业年金概述（第一章），企业年金制度的发展情况（第二章），我国企业年金的核心法律制度（第三章），我国企业年金法律制度的发展进路（第四章）；第二编商业养老保险法律制度，下设四章，依次为:我国商业养老保险法律制度的发展历程(第五章),我国商业养老保险法律制度完善的影响因素(第六章),美国、日本的商业养老保险法律制度(第七章),我国商业养老保险法律制度的构建路径(第八章);第三编养老保险资金运用法律制度——以第二、三支柱为重点,下设四章,依次为:养老保险资金运用的现状(第九章),养老保险资金运用完善的影响因素(第十章),养老保险资金运用的部分域外立法(第十一章),养老保险资金运用的规则改进(第十二章)。

本书以第二、三支柱养老保险法律制度的构建为重心,拟重点优化两方面的内容:一是对我国第二、三支柱养老保险制度的实际运行效果及法律规范现状,以及有待进一步改进之处进行分析;二是对美、日等发达国家在年金制度、商业养老保险制度方面的立法与实践进行介绍、分析,同时也提出构建优化我国第二、三支柱养老保险法律制度的具体方案及措施。其中,对于第二支柱,研究重点包括:年金含义及其法律属性的明晰,年金计划受托人、投管人、账户管理人等主体的法律地位,企业年金与职业年金法律规则的整合优化,企业年金核心法律规则的完善及其与职业年金制度间的协同机制构建,配套税收优惠机制完善等。对于第三支柱,研究重点包括:第三支柱养老保险的发展模式、第三支柱个人养老金账户的构建、商业养老保险产品的含义和范围界定、税优制度等的完善。在第二、三支柱共同涉及的养老保险资金运用的法律规制方面,则在借鉴第一支柱发展经验的基础上,重点探讨统一年金基金与养老保险资金运用监管规定、完善信托投资核心法律规则,以及健全投保人、被保险人、受益人权益保护制度等方面内容。这些探讨均系现阶段我国企业年金或商业养老保险制度实践中迫切需要进一步改进的地方,其解决或明晰将有助于推进我国现行三支柱养老保险法律制度的完善。

本书各章的撰写人依次为：第一章至第四章（田桂瑶、李游），第五章、第七章（朱晓婷），第六章、第八章（乔石），第九章、第十章（李游、田宇申）、第十一章（田宇申），第十二章（李游、田宇申）。李游、乔石协助进行了书稿的初审，任自力负责最后统一的修改与定稿。本书写作过程中得到了中国政法大学民商经济法学院管晓峰教授、中国人民大学法学院贾林青教授、泰康养老保险股份有限公司投资管理部雷昊经理等业内专家的诸多建议在此一并致谢。

任自力

2023 年 4 月 1 日

# 目 录

## 第二编　商业养老保险法律制度

# 第一编

# 企业年金法律制度

# 第一章　企业年金概述

随着全球老龄化程度的不断加深,世界各国养老保险制度因时而变。为了缓解公民对于基本养老保障和高水平保障间的突出矛盾、减轻政府养老负担,企业年金制度应运而生。本章从企业年金的基本概念、法律性质、法律定位、特征及功能、不同分类、制度结构出发,讨论企业年金发展的现实要义。

## 第一节　企业年金的法律界定

### 一、企业年金的概念

#### (一)企业年金的概念来源

企业年金,在国外又称超级年金、职业年金、私人养老金计划等,是指企业为进一步提高退休员工的生活水平,按自愿、量力原则所建立的养老金计划。[①] 从词源方面理解,"企业年金"概念从"年金"衍生而来,"年金"的英文表述包括"pension"与"annuity"。"pension"拉丁语源为"pendo",是在早期社会中,为使物与物平等公正地交换,使用公平秤称出重量的意思。"annuity"一词来自中世纪拉丁语"annuitas"(一年),多用来表示以年为单位进行给付的意思。在日语

---

① 参见邓大松、刘昌平:《中国企业年金制度研究》,人民出版社 2004 年版,第 6 页。

中,年金制度可以总体解释为以一年期为基准而定期进行金钱给付的制度。[①] 我国关于企业年金的概念表述,最早可以追溯至1991年国务院发布的《关于企业职工养老保险制度改革的决定》,该决定首次提出"企业补充养老保险"概念。[②] 之后,国务院颁布《关于完善城镇社会保障体系的试点方案》,将企业补充养老保险更名为企业年金。[③] 至此,企业年金作为一个官方表述,正式进入公众视野。

### (二)企业年金的概念界定

对于企业年金的概念界定,理论界及实务界均认为存在广义与狭义之分,广义企业年金是指企业年金制度,狭义企业年金则指企业年金基金。[④] 本书认为,无论广义还是狭义界定,其争议点集中于企业年金、企业年金制度是否为同一法律概念。根据《企业年金办法》第2条之规定,企业年金是指企业及其职工在依法参加基本养老保险的基础上,自主建立的补充养老保险制度。[⑤] 该办法将"企业年金"表述为一种制度,说明立法机构在作法律定义时,并不认为在概念界定方面,有必要对"企业年金"作出广义与狭义的区分,"企业年金"同"企业年金制度"并非两个完全独立的法律概念,将二者进行统一规定,未超出立法原意。

---

① 参见翟申骏:《日本年金制度精解》,上海交通大学出版社2019年版,第25页。

② 《关于企业职工养老保险制度改革的决定》第8条规定:企业补充养老保险由企业根据自身经济能力,为本企业职工建立,所需费用从企业自有资金中的奖励、福利基金内提取。

③ 国务院《关于完善城镇社会保障体系的试点方案》第2条第10项规定:有条件的企业可为职工建立企业年金,并实行市场化运营和管理。

④ 参见杨燕绥编著:《企业年金理论与实务》,中国劳动与社会保障出版社2003年版,第304页。

⑤ 参见《企业年金办法》第2条。

本书认为,要想准确界定企业年金,必须从其本质出发,探讨企业年金究竟是什么。从企业年金的支付来看,其实际上是由企业向职工支付的一种金钱对价。目前企业年金尚未完全过渡至商业保险。因此,本书认为,企业年金(企业年金制度)应被定义为:一种过渡型补充养老保险制度,本质是企业和职工基于自主合意,共同决定由企业支付给长期劳动职工的一种金钱对价。

### (三)企业年金的概念辨析

1. 企业年金与年金。从词源学理解,“企业年金”可视为年金的下位概念,但从本质上讲,企业年金和年金截然不同。年金多指因遗赠、捐献或购买,可以在一定或终身期限内接受定期给付的权利,更多强调的是一种规律性的支取方式;[①]企业年金则指企业和职工在自主合意的基础上,共同决定由企业支付给常年劳动职工的一种金钱对价,更多强调的是一种企业职工的退休福利制度。即便在待遇支付阶段,企业年金借鉴了年金的规律支取方式,但二者本质不同。

2. 企业年金与年金保险。在英美等国,企业年金多指只能由保险公司经营,面向需求企业销售的养老年金保险产品。[②] 此属企业年金与年金保险的概念混用,不利于公众对二者的有效区分。年金保险又称老年保险,主要指人寿保险中的生存保险,即在保险合同约定的生存期间,由保险人定期给付被保险人一定金额的保险金以维持生活。企业年金概念如前所述,这里不再赘述。因此,企业通过购买年金保险,为职工提供福利保障,并不等同于为职工建立了企业年金

---

① 《元照英美法词典》,北京大学出版社 2019 年版,第 77 页。

② 参见李春玲:《美国企业年金制度变迁研究》,知识产权出版社 2007 年版,第 8 页。

制度,二者不宜混淆。

3. 企业年金与企业养老金。"企业年金"概念使用以前,一直被称作"企业补充养老保险"。有学者认为,企业补充养老保险更为准确的称谓应是企业退休金或企业养老金,这样更符合词源语义,也与国际惯例接轨。[①] 但本书认为,概念的界定不应只以词源解释为准。当一个领域经过较长时间的发展,具备一定的独立性特征之后,法律术语及规则也需要作出相应调整。[②] 养老金是一个历史发展概念,在19 世纪末 20 世纪初,养老金仅指作为赠品或对过去工作的认可,而定期提供给职工的定额退休金。[③] 我国企业补充养老保险发展到后期,越发同企业年金类似,社会公众对企业年金概念的熟悉度、使用频率较高,顺势更名为后者,能够为民众提供更准确的行为指引;反之则不能达到此效果。

## 二、企业年金的法律性质

首先,企业年金非社会保险。社会保险是国家通过立法构建的一种社会保障制度,目的在于使劳动者在丧失劳动能力或失业时,从国家和社会获得必要的物质帮助。[④] 社会保险具有强制性,不以营利为目的。从具体实践来看,社会保险基于国家立法主导,由社保经办机构管理,国家财政为之背书。反观企业年金,是指由国家政策主导

---

① 参见谢世清:《关于"企业年金"称谓的商榷》,载《北京工商大学学报(社会科学版)》2008 年第 5 期。

② 参见任自力:《〈民法典〉与保险消费者个人信息保护》,载《保险研究》2020 年第 8 期。

③ Pritchett, Herry A., *The Social Philosophy of Pension: with a Review of Existing Pension Systems fpr Professional Groups*, The Merrymount Press, Boston, 1930.

④ 参见王静:《保险合同法注释书》,中国民主法制出版社 2019 年版,第 4 页。

下，企业自主为职工建立的一种退休福利制度，不具有强制性，其目的在于帮助职工退休以后，除了能从国家和社会获得必要的帮助，还能从企业获得补充养老支持。企业年金制度采用多元经办方式，无须社保经办机构管理，不以国家财政兜底，与社会保险明显不同。

其次，企业年金非商业保险。商业保险是指由受同类危险之人以保险契约形式组成共同团体，聚集成员所交付之保险费，以满足成员损害填补之需要，而达分散危险之功能。[①] 商业保险立于契约自由，任何风险只要符合保险原则，即可作为承保标的。其目的是通过商业保险合同吸引客户投保，获得保费收益及营业利润。相较而言，企业年金的目的是企业为职工在基本养老制度以外建立一种补充养老制度，具有福利制度属性。即便企业与职工同其他主体签订了一系列的企业年金管理合同，但是企业年金本身仍非商业保险。

简言之，企业年金是在国家政策引导下，由企业自主建立的一种补充养老保险制度，其虽在一定程度上兼具社会保险的福利性和商业保险的运作方式，但其本质上既非社会保险，亦非商业保险，而属于一种过渡型的补充养老保险制度。

## 三、企业年金与职业年金的联系与区别

企业年金与职业年金既相辅相成，亦相互区别。其关联在于，企业年金与职业年金均源于世界银行提出的三支柱养老保障构想，二者共同构成养老保险计划第二支柱。[②] 其区别则在于，企业年金与职业年金作为补充养老保险制度，在立法与实践层面差异较大。现阶

---

① 参见江朝国：《保险法逐条释义》（第 1 卷），台北，元照出版有限公司 2012 年版，第 19 页。

② 参见余雪明：《比较退休基金法》，中国政法大学出版社 2003 年版，第 24 页。

段,我国养老保险第一支柱发展迅速,第二支柱补位困难,第三支柱蹒跚起步,企业年金及职业年金共同面临严峻挑战,亟待有所突破。

企业年金与职业年金的区别主要包括:

首先,二者的法律主体及法律关系不同。企业年金涉及的主体包括:企业及职工、受托人、托管人、投资管理人、账户管理人。其通常是由企业自愿建立,职工申请参与,企业及职工与受托人签订信托合同,由受托人代管企业年金各项事务。受托人以自己名义,同其他主体订立委托合同,建立资产托管、账户管理、投资管理等委托投资法律关系。职业年金涉及的主体则包括:机关事业单位及其公职人员、社保经办机构等。依据我国现行规定,机关事业单位必须为其公职人员建立职业年金制度,社保经办机构有权基于行政管理职能,全权管理职业年金相关事务。

其次,二者的发展实况不同。企业年金与职业年金共同构成养老保险第二支柱,但发展实况不同:(1)职业年金覆盖率超过企业年金,但惠及人口有限。2014年10月,国家机关事业单位开始强制实施职业年金制度,其运营方式逐步向市场化转变,总体覆盖率远超企业年金。截至2021年6月,职业年金累计结余近8000亿元,3612万名机关事业单位职工参与基本养老保险,其中2970万人加入职业年金,覆盖率达82%。[①] 总体而言,企业年金的覆盖率已达高位,未来提升空间有限。(2)企业年金覆盖率低且难以提升。截至2021年6月,全国共有102,063家企业建立企业年金,占企业法人总量之比低

① 参见《社会保障制度改革向纵深发展》,载中华人民共和国人力资源和社会保障部官网,http://www.mohrss.gov.cn/SYrlzyhshbzb/dongtaixinwen/buneiyaowen/rsxw/202107/t20210701_417521.html。

于0.6%；参与职工2669.7万人，占同期城镇职工基本养老保险参与人数的5.94%。[①] 截至同期，我国80%以上的城镇就业人口集中在中小民营企业，大多中小企业尚不具备建立企业年金制度的条件，由此导致未来的企业年金覆盖率难以有效提升，故其发展亟待新的突破。

## 第二节　企业年金的特征及功能

### 一、企业年金的储蓄性及保险保障功能

企业年金的筹资模式为：企业及职工共同缴费，经投资运营后形成基金收益，企业缴费、职工缴费、投资收益共同构成企业年金基金，计入企业年金职工账户，待领取条件满足时，职工可选择一次性、按月、分次领取抑或购买商业养老保险产品。按此模式，企业及职工各提供一定数额的资金，共同存入某金融机构，固定存续期满后，职工有权自由处分企业年金基金。[②] 此种筹资—支取模式，遵循保本收益的一般储蓄原理，一定程度上保障了企业职工退休以后，除了可从国家、社会获得基本的物质帮助以外，还可以从企业获得补充养老支持。因此，发展企业年金既有助于缓解政府的养老压力，也有助于发挥企业在为员工提供养老保障方面的作用。

---

① W020210621633036746304.pdf http://www.mohrss.gov.cn/shbxjjds/SHBXJDSzhengcewenjian/202106/W020210621633036746304.pdf.

② 参见张新民、张照新总主编：《助益养老：企业年金》，中国民主法制出版社2016年版，第74页。

### 二、企业年金的福利性及激励约束功能

企业年金作为过渡型补充养老保险制度，一方面，能够充分满足职工在基本养老保障外的补充养老需求，体现制度福利性；另一方面，能够为企业留住和吸引高质量人才资源，提升企业竞争力。企业可以根据职工的工龄、工种、职位、贡献等不同因素，灵活设计不同的企业年金制度，通过将职工荣誉感与企业年金待遇支付挂钩，促使职工通过努力工作，在退休以后获得可观的年金收益，实现企业年金的正向激励功能。

### 三、企业年金的自愿性及投资保值功能

企业年金制度的设立具有自主性，不具有强制性。从资金来源来看，企业年金的基金累积是由企业缴费、职工缴费以及相应的投资收益构成，数额较大且具有稳定性，可以作为资本市场发展的重要资金来源，提升我国资本市场竞争力；从投资倾向来看，证券、保险、期货等专业投资机构，倾向追求长期稳健投资，企业年金账户的储蓄性、稳定性可为其提供契机①。企业年金的投资保值功能可以为资本市场注入新的活力，促进稳健型、低风险型金融产品的不断发展。

## 第三节　企业年金的制度结构

企业年金的制度结构主要有契约型、信托型、激进型三种模式。

---

①　参见陈星：《美国企业年金投资与监管研究》，中国地质大学出版社 2013 年版，第 7 页。

现详细论述如下：

## 一、契约型企业年金制度结构

在契约型企业年金制度结构（见图1）中，先由企业和职工签署一份关于确定年金给付额的年金契约，如企业年金方案（或企业年金规约），然后企业和职工（或受托人）与信托公司、保险资产管理公司或养老金管理公司等外部金融机构订立委托合同，将企业年金资产委托给外部金融机构进行管理运营。

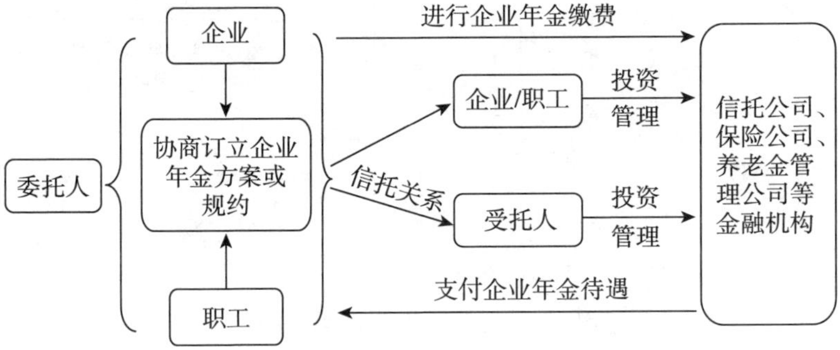


**图1　契约型企业年金制度结构**

不同契约型制度结构的区别主要在于：有的先将企业年金资产授权给合法的受托人，由受托人向外订立合同；有的则是企业及职工作为委托人，直接向外委托。目前采取契约型制度结构的国家主要为中国、日本。

## 二、信托型企业年金制度结构

在信托型企业年金制度结构（见图2）中，企业和职工无须签订关于确定年金给付额的企业年金方案或企业年金规约，仅需自愿选择是否加入外部金融机构设立的单一抑或集合年金计划。企业及职工通过信托合同形式，委托信托机构全权代管企业年金事务。值得注意的是，即便在全权代管模式下，企业职工仍保留较大的投资选择权，能够自主决定企业年金的投资方向。该种模式赋予企业及职工灵活的基金投资选择权，极大地提高了职工加入企业年金制度的积极性。但是，囿于职工个人投资经验的匮乏，他们极易受目标投资公司误导，盲目进行投资，进而会危及补充养老保险制度的整体安全。如美国的安然公司破产事件。①

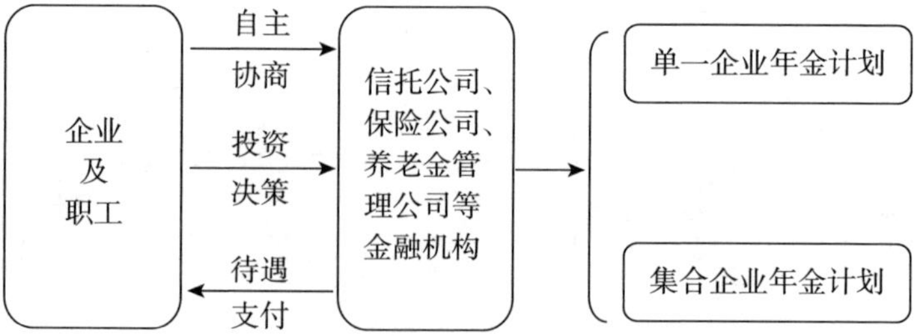


**图2　信托型企业年金制度结构**

## 三、基金型企业年金制度结构

在基金型企业年金制度结构（见图3）中，企业与工会（无工会即为职工代表）达成设立基金法人的合意，在企业之外设立一个基金法人，通过基金法人进行年金资产的管理和运用。基金法人独立于企业，全权代管企业年金整体业务。基金法人除承担设立企业的单一年金业务外，还可以将不同公司的企业年金统合起来，共同进行年金

① 参见李春玲：《美国企业年金制度变迁研究》，知识产权出版社2007年版，第216页。

资产管理,以达到收益最大化的效果。澳大利亚的超级年金计划、中国香港地区的强积金计划等均归属此类。

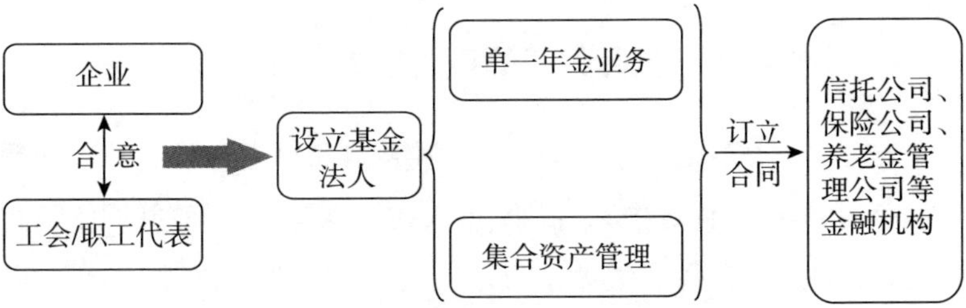


**图3　基金型企业年金制度结构**

综上所述,企业年金制度主要采取的是契约型制度结构,企业与职工先行制定企业年金方案,而后委托受托人代管企业年金事务,受托人通过向外订立企业年金的一系列管理合同,实现企业年金的托管、投资、账户管理等事务的分离。目前,我国尚未形成大型、专业、成熟的企业年金管理市场,企业年金的信托业务处于发展阶段,尚不具备将企业年金制度结构从契约型一步到位转变为信托型或基金型的条件。因此,企业年金法律制度的构建可按照以下步骤展开:第一,统一企业年金方案制定与基金管理业务,以法定授权形式,赋予受托人在合法授权范围内的统一代理权;第二,将受托人逐步转变为管理型总代理,允许其在企业及职工合法授权范围内,代理企业年金整体事务;第三,在条件成熟时,建立企业年金基金法人,允许其提供单一或集合年金计划(包括制定企业年金方案等内容),由企业及职工自愿选择加入。

## 第四节　企业年金制度的价值分析

### 一、多支柱养老保障体系的重要组成部分

建立多支柱养老保障体系,必须摒弃国家单方对社会养老问题全权负责的观念,倡导国家、企业、个人在养老保障方面,共同承担相应责任的理念。若国家继续推行单一支柱的基本养老保险制度,必然造成国家财政负担过重、企业社会责任较小、公民基本依赖政府养老的境况,三方责任比例的失衡,必然不利于社会经济的发展。①

如部分学者所述,我国养老保险制度发展初期呈嵌套式依赖模式,地方企业依赖地方政府,地方政府依赖中央政府,企业与政府就养老保障的责任承担问题牵扯不清、责任不明。目前,我国养老保险制度存在第一支柱负担过重、待遇不足且替代率低,第二、三支柱补位不足等问题。通过建立并不断完善企业年金制度,可以更好地满足职工对补充养老的迫切需求,促使政府将社会养老责任从无限转为有限,使国家承担最低生活保障责任,企业承担有限社会责任,个人自担商业养老保险或其他保障的责任,进而推动着企业年金制度逐步成长为我国多支柱养老保险体系的重要组成部分。

### 二、显著优化劳动力资源配置及职工福利待遇

企业年金个人账户由企业及职工共同按期缴纳,有利于将企业利益同职工个人利益长期有机地结合在一起,最大限度地调动职工

---

① 参见郑秉文主编:《中国养老金发展报告 2016——“第二支柱”年金制度全面深化改革》,经济管理出版社 2016 年版,第 4 页。

的积极性、创造性，帮助企业留住和吸引优秀人才。[①] 在年金账户制模式下，企业年金具有可携带性、转换性，企业职工在变换供职单位后，通过有效对接职工年金账户，能够实现劳动力资源的合理配置。现阶段，我国建立企业年金制度的多为大型国企抑或政策支持企业，此类企业资本雄厚，能够为职工提供涵盖住房、医疗、养老等多方面的企业福利。在此类企业的示范作用下，不少中小型企业为了留住企业人才，也开始主动为职工建立企业年金制度。就职工自身而言，若基本养老保险总体待遇不足，如职工遭遇大病、残疾、失能等突发状况，则亟须资金补充收入来源。因此，企业年金通过企业及职工的前期缴费，相关收益会逐年累积，职工退休后可自由将其取出，体现了企业年金制度的福利性。根据《企业年金基金管理办法》第 11 条的规定，非因企业年金基金本身承担的债务，不得对其强制执行。[②] 因此，即便企业自身破产，企业年金仍属企业偿债范围之外的职工福利待遇，而非破产财产，职工有权自由领取，不存在破产、强制执行等法律风险。

## 三、有效推动金融资本市场的发展

企业年金实行个人账户累积制，所积累的账户资金通过投资运营可以实现保值增值。近年来，越来越多的域外国家开始推行企业年金的市场化投资管理。域外企业年金管理的新变化表明，企业年金累积的基金本身，可以作为金融资本市场发展的重要资金来源。企业年金一经入市，无疑会给证券业、基金管理业、保险业以及资产

① 刘瑞莲：《高新技术企业创新型人才企业年金计划研究》，载《科学管理研究》2014 年第 1 期。

② 参见《企业年金基金管理办法》第 11 条。

管理行业带来新的发展机遇与挑战。同时,企业年金不同于其他金融产品或金融衍生品,其设立目的在于养老保障而非风险投资,故如何将企业年金稳健地投向金融资本市场,将会成为企业年金投资的关键。

## 四、积极促进整体社会的公平和稳定

世界各国的经济发展与社会实践表明,公平和谐的社会环境对经济持续增长至关重要。自改革开放以来,我国经济发展进入新阶段,国内生产总值不断攀升,同时也出现了如贫富差距过大、人口加速老龄化等社会问题。我国养老保险制度在发展过程中,企业和机关事业单位的职工享受着不同的基本养老保险待遇,社会成员由此产生不公平与不安全感,不利于社会整体的稳定。因此,赋予企业、机关事业单位在基本养老制度外,自主建立具有补充养老保险功能的企业年金制度的权利,有利于推进我国养老保险法律制度的不断完善,也有利于社会公平与稳定和谐发展目标的实现。

# 第二章　企业年金制度的发展情况

## 第一节　我国企业年金制度的发展情况

### 一、我国企业年金制度发展的探索期(1991～2000年)

我国对企业年金制度的探索始于20世纪90年代初,此阶段企业年金被称为企业补充养老保险。1991年国务院发布的《关于企业职工养老保险制度改革的决定》,首次提出"企业补充养老保险"的概念,并将之确定为完善企业职工养老保险制度的重要组成部分。①

《劳动法》第75条规定"国家鼓励用人单位根据本单位实际情况为劳动者建立补充保险",将补充保险概念在立法层面予以确认。②1995年原劳动和社会保障部发布《关于印发〈关于建立企业补充养老保险制度的意见〉的通知》,规定企业补充养老保险的实施条件、决策程序、计发办法、资金来源等内容,推动补充养老保险制度进入实践阶段。同年,国务院决定在沈阳、上海等地进行企业补充养老保险试点。1995～1999年,中央及地方经济效益较好的企业,纷纷根据自身情况建立了不同层次的企业补充养老保险业务。

1999年在《国务院批转整顿保险业工作小组保险业整顿与改革方案的通知》中,将包括铁路、煤炭、石油等在内的11个部门和单位

---

① 参见国务院《关于企业职工养老保险制度改革的决定》第8条。

② 参见《劳动法》第75条。

经办企业补充养老保险纳入社会养老保险，由原劳动和社会保障部接管，其他行业企业补充养老保险归属商业保险，由原中国保监会监管。① 这一期间，国家允许地方根据自身财力状况，给予补充养老保险不超过上年工资总额4% ~15%的企业所得税税前扣除优惠，截至2000年年底，我国企业年金制度覆盖人数仅为560.33万人，占国家基本养老保险参保人员的5.3%，参保企业16,247户，企业年金积累基金总量为191.9亿元，人均3435元。②

综上所述，企业年金在探索期称为企业补充养老保险，国家尚未针对其制定统一法律法规，未明确其法律性质，已有规范亦存在内容不统一、效力层级较低等问题，其整体上仍处于摸索发展之中。

## 二、我国企业年金制度发展的过渡期(2000 ~2005年)

2000年国务院在《关于印发完善城镇社会保障体系试点方案的通知》中，将企业补充养老保险正式更名为企业年金。③ “企业年金”成为官方表述，行业随之迎来较快发展。

企业年金虽在立法层面得到确认，但相应的监管法规未能及时跟进，引发诸多实践问题。如2001年，国务院批复同意《辽宁省完善城镇社会保障体系试点实施方案》，明确企业年金可以实行市场化管理及运营。同期，上海和深圳市政府在各自的社保部门成立企业年金发展中心，经办企业年金业务。由于当时企业年金监管法规不健

① 参见《国务院批转整顿保险业工作小组保险业整顿与改革方案的通知》。

② 参见金华：《民族地区养老保障体系中的企业年金制度研究》，民族出版社2015年版，第61页。

③ 参见国务院《关于完善城镇社会保障体系试点方案》第2条第10项。

全,各方监管主体职责不清、监管不力,直接导致“上海社保案”①的发生。

随后,为规范整个行业的企业年金监管,2004年原劳动和社会保障部、原银监会、证监会、原保监会联合发布《企业年金基金管理试行办法》《企业年金试行办法》《企业年金计划管理合同指引》(均已失效)等若干规范性文件,逐步形成了企业年金的法律监管框架,在此期间,由原劳动和社会保障部受托管理的11个部门的企业补充养老保险更名为企业年金。

2005年原劳动和社会保障部发布《企业年金基金管理机构资格认定暂行办法》等文件,同年公布第一批认定的企业年金管理公司。其中包括29家金融机构,共获37项企业年金管理资格,开启了企业年金业务竞争元年。截至2005年年底,全国建立企业年金的企业已达2.4万多家,参加职工924万人,积累基金580亿元,资金量比2000年增长256%,年均增长近100亿元。②

综上所述,在过渡期内,企业补充养老保险更名为企业年金,相关规定从规范性文件上升至部门规章,各地、各行业陆续出台局部性政策。值得注意的是,企业年金的相关法规之中,并未明确原经办机构何时移交所管理的存量年金,因此,新建立的企业年金计划是按新制度运作,存量年金还是由原经办机构管理。

## 三、我国企业年金制度发展的形成期(2006年至今)

2006~2007年,原劳动和社会保障部发布《关于进一步加强社

① 2002年以后,上海企业年金发展中心先后通过委托资金运营的方式,将34.5亿元的资金拆借给福禧投资及其股东沸点投资,用于收购高速公路等资产。截至2005年年底,上海1/3的补充养老保险资金都被相关管理人员以非正当手段挪用或拆解给其他主体使用。

② 劳动和社会保障部《中国的社会保障状况和政策》白皮书,2004年发布。

会保险基金管理监督工作的通知》《关于做好原有企业年金移交工作的意见》等规范性文件,对原存量年金与新设企业年金计划进行有效区分,明确了原有存量年金移交的具体时间。

2008 年 3 月"国务院机构改革方案"审议通过,原劳动和社会保障部转为人力资源和社会保障部(以下简称人社部),企业年金业务由人社部监督管理。为规范企业年金市场的有序竞争,人社部自 2009 年先后发布《关于规范企业年金基金管理服务有关问题的通知》《企业年金基金管理机构基本服务和收费标准行业自律公约》等规范性文件。2011 年 2 月,人社部与其他部门联合发布《企业年金基金管理办法》,明确受托人、托管人、账户管理人和投资管理人的准入条件,对基金投资等事项作出进一步规范。至此,我国企业年金的基金管理向市场化规范转变。

2013 年 12 月,人社部、财政部、国家税务总局联合发布的《关于企业年金、职业年金个人所得税有关问题的通知》规定,企业年金在缴费阶段暂免收个人所得税,递延至领取时一并缴纳。至此,企业年金在个人缴费方面,具备了专属税收优惠,这利于其长期稳定的发展。

2014 ~ 2017 年,人社部与财政部联合发布《企业年金办法》,对企业年金的方案制定、资金筹集、待遇支付、管理监督等内容进行了逐一规定。《企业年金办法》标志着我国企业年金核心制度的确立,为后续年金行业的发展提供了明确指引。截至 2020 年年底,全国建立企业年金制度的企业有 10.5 万余家,参加职工 2718 万多人,积累基金 22,000 多亿元,发展速度显著加快。

综上所述,我国企业年金制度发端于 20 世纪 90 年代,从企业补充养老保险到企业年金历经了探索期、过渡期和形成期,目前已经建立了以《企业年金办法》《企业年金基金管理办法》为核心的基本制度框架。其具体特征包括:缴费采累积制和个人账户管理制,资产管理采信托制,机构管理采分权制,年金财产采托管制,投资管理遵循市场化运行规则。

现阶段,我国企业年金仍存在地区、行业发展不均衡,覆盖率、替代率较低,税优激励作用不明显等问题。[①] 另外,企业年金如何过渡至商业保险,过渡至商业保险后应采何种模式也存在争议,这些争议的解决,仍有待于进一步的实践和思考。

## 第二节 美日等国企业年金制度的发展情况

一般来说,现代意义上的社会保障制度直到第二次世界大战后才真正确立,在第二次世界大战之前,退休还是一个十分边缘的观念。[②] 居于时局动荡抑或饥寒交迫的年代,无论是公共政策还是私人选择,都无暇关注养老保障问题。国外部分富裕阶层虽很早就以不同方式储蓄财产,以备年老之需,但对大部分工薪阶层而言,该种养老保障远低于工资水平,职工退休后的生活水平远远无法得到保障。由此,企业年金的出现为解决以上问题带来转机。美日等国企业年金制度的发展可分为三个阶段:早期萌芽阶段(19 世纪:1875 年至第二次世界大战前)、中期发展阶段(20 世纪:第二次世界大战后至 1999 年)、后期成熟阶段(21 世纪:2000 年至今)。

---

① 参见温海红、王怡欢、陆琛怡:《职工企业年金参保意愿及其影响因素分析——基于西安市的调研》,载《社会保障研究》2021 年第 1 期。

② Graebner W., A History of Retirement, New Haven, Conn: Yale University Press (1980).

## 一、美日等国企业年金制度的萌芽期

美国是世界上最早建立企业年金计划的国家。19 世纪后期,经历两次工业革命后,美国的工业经济迅速发展,农村人口不断向城市迁徙。在这种情况下,1875 年,美国运通公司为雇员建立了世界上第一个企业养老金计划,1880 年,巴尔的摩和俄亥俄铁路公司建立了第二个企业年金计划。在 20 世纪前 20 年里,美国几乎所有的铁路企业及其他行业企业都效仿该公司建立企业年金计划。① 随后,美国国内出现了集中于铁路、银行和公用事业领域的大约 400 个退休金计划。②

与美国不同,日本国内先出现了类似年金保险的公有年金制度。日本在 1875 年制定了《海军隐退令》,1876 年制定《陆军退隐令》,1884 年制定了《官吏恩给令》,之后又将这些文件法律化,到了 1923 年,制定了《恩给法》。③ 此《恩给法》并非针对社会大众的年金保险制度,而是相当于面向国家公职人员的一种福利制度,其为后来日本年金保险的发展奠定了基础。同时代的其他国家尚未重视职工退休保障问题,接踵而至的第一次、第二次世界大战直接将该类问题无限边缘化。

## 二、美日等国企业年金制度的发展期

1914 ~ 1945 年,全世界笼罩在战争的阴影之中。第二次世界大战结束以后,经过一段时期的经济恢复,各国开始逐步关注养老保障

---

① 参见李春玲:《美国企业年金制度变迁研究》,知识产权出版社 2007 年版,第 26 页。

② 参见张新民:《养老金法律制度研究》,人民出版社 2007 年版,第 316 页。

③ 翟申骏:《日本年金制度精解》,上海交通大学出版社 2019 年版,第 80 页。

问题。[①] 受“贝弗里奇报告”[②]的影响,欧美等国初步建立了普享性、现收现付制的公共养老金计划。战后资本主义国家大多采取政府干预措施,国内物价水平整体较高,此时雇主能为雇员提供私人养老金计划,极大地吸引了优质劳动力资源。各国为保障企业年金制度的发展,先后出台法规:如美国 1974 年《雇员退休收入保障法》,英国 1986 年《社会保障法》及 1995 年《养老金法》,德国 1957 年《养老金改革法》及 1989 年、1992 年《养老金改革法》,日本 1954 年修正的《厚生年金保险法》、1958 年《(新)公共企业体职员等共济组合法》、1962 年《地方公务员共济组合法》及 1959 年《国民年金法》等。日本《国民年金法》于 1961 年实施,成为亚洲第一个实施全民年金的国家。[③]

随着欧洲各国企业年金制度的不断发展,1994 年世界银行发布了《防止老龄危机——保护老年人及促进增长的政策》,首次提出养老保障三支柱理念。在此阶段,国外企业年金制度不仅在实践层面

---

① 第二次世界大战后大多资本主义国家进入垄断资本主义阶段,在此模式下争夺市场劳动力资源显得尤为重要。两次世界大战导致各国人口数量骤减,资本主义国家为此纷纷颁布积极的生育政策。这一举措使在 1946 ~ 1964 年出生的婴儿总量激增,随后爆发了席卷资本主义福利国家的“婴儿潮”。受“贝弗里奇报告”影响,“婴儿潮”爆发前,大多资本主义国家已为职工建立公共养老金计划,叠加 20 世纪 70 年代的两次石油危机和“滞胀”困境,许多资本主义国家的政府财政入不敷出、濒临崩溃。因此,资本主义国家开始反思,国内公共养老计划使得政府承担了过重的养老负担,如何有效减轻负担迫在眉睫,企业年金制度开始受到重视。

② 1941 年,英国成立社会保险和相关服务部际协调委员会,着手制订战后社会保障计划。经济学家贝弗里奇爵士受英国战后重建委员会主席阿瑟·格林伍德先生委托,出任“调委会”主席,负责对当时的国家社会保险方案及相关服务进行调查,并就战后重建社会保障计划进行构思设计,提出具体方案和建议。第二年,贝弗里奇提交了题为“社会保险和相关服务”的报告,此谓著名的“贝弗里奇报告”。

③ 日本厚生统计协会:《保险年金的动向,厚生的指标,增刊》1996 年第 43 卷第 14 号,东京:财团法人厚生统计协会。

发展,在立法层面亦有专门法规保障,国外企业年金制度从萌芽期走向发展期。

### 三、美日等国企业年金制度的成熟期

21 世纪以后,三支柱养老保障体系得到普遍认可。虽然后来又有人提出五支柱发展理论,①但主流观点仍以三支柱为主。美国作为最早设立企业年金计划的国家,三支柱架构清晰,其第二支柱仅指由雇主发起、市场化管理运营的补充养老保险计划,著名的美国 401(K)和 403(b)、加利福尼亚州教师退休计划(Cal STRS)等均属此列。英国第二支柱采用灵活自动加入及协议退出机制,雇员可在政府提供的收入关联养老金计划、国家第二养老金计划、雇主职业养老金计划和个人养老金计划中,自由进行选择。在日本,由于 20 世纪末泡沫经济的不良影响,就业率不断下降,失业率、老年人口比率反之上升,日本政府为解决前述问题,在 2001 年前后,陆续颁布了《企业年金法》《企业法人税法》《厚生年金法》《缴费确定型年金法》《支付确定型年金法》等规定,以此有效保障国内老龄退休人员的生活。

## 第三节 我国企业年金制度发展的影响因素

### 一、企业年金制度建立的社会背景

中华人民共和国成立之初,国家重心在社会主义三大改造,实行社会主义计划经济上。1949 年,我国人口出生率为 36.0‰,死亡率

① 参见郑秉文主编:《中国养老金发展报告(2011)》,经济管理出版社 2011 年版,第 17 页。

高达20.0‰，自然增长率16.0‰，属高出生率、高死亡率、低自然增长率的传统型人口再生产类型；到1957年，人口死亡率下降至10.8‰，自然增长率升至23.2‰，[①]人口再生产类型实现第一次转变，进入高出生率、低死亡率、高自然增长率的过渡型阶段；进入20世纪70年代，我国实行对内改革、对外开放的经济发展政策，政府颁布计划生育政策，生育率得到有效控制，至1977年，总和生育率下降到3.0以下。[②] 我国人口类型进入低出生率、低死亡率、低自然增长率的阶段，人口结构实现第二次转变。经历20世纪70～90年代的经济快速发展，直到2000年左右，我国步入老龄化社会，与此同时，企业年金以企业补充养老保险的形式，逐渐为大众所熟知。

## 二、企业年金制度的法律规定及制度结构

我国虽已建立了以《企业年金办法》《企业年金基金管理办法》为核心的基本框架，但相关规定多属部门规章、部门规范性文件、地方政府政策等，尚未上升至法律层面，效力层级有待进一步提升。而且，企业年金制度采取契约型制度结构，所涉主体包括企业和职工、受托人、托管人、投资管理人、账户管理人。企业和职工经集体协商制定企业年金方案，此项业务并不向受托人委托。而后，企业和职工作为委托人，与受托人签订受托管理合同，将企业年金资产交予受托人管理，受托人需按合同约定，向受益人支付企业年金待遇，双方成立信托法律关系。受托人获得企业和职工的委托授权后，以自己名

① 参见中华人民共和国国家统计局：《新中国60周年系列报告之五：人口总量适度增长结构明显改善》，2009年9月11日发布。

② http://www.stats.gov.cn/ztjc/zthd/sjtjr/d10j/70cj/201909/t20190906_1696329.html.

义同托管人、账户管理人、投资管理人分别订立委托合同,形成委托代理法律关系。

## 三、企业年金制度的监管模式

理论上,企业年金的监管机制包括专业监管、授权监管以及互相监督机制。譬如,设有税务局、劳工部抑或年金监管局,负责对企业年金从设立到支付进行专业监管。对于部分监管事项,行政机关可以授权第三方中介机构进行,监管方式较灵活。同时,企业年金委托人与受托人、年金管理公司、专业投资公司、基金托管公司以及各种中介组织间,依据信托合同约定互相监督互相制约,监管效率较高。我国企业年金的监管职能由人社部、财政部、原中国银保监会、中国证监会等多个行政部门承担,不过,众多监管主体之间也存在职能叠覆,监管效率有待提高,同时企业及其职工对其他合同主体的监督、约束力也较弱,企业年金监管的效率有待进一步提升。

# 第三章　我国企业年金的核心法律制度

## 第一节　我国企业年金的设立、支付及管理基础

### 一、我国企业年金制度的设立基础

#### (一)企业年金制度的基本范畴——企业年金计划

理论与实务界对企业年金计划具有不同理解:(1)理论上多认为,企业年金计划即企业养老金,亦称退休收入计划,是指明确以退休为目的、在法律上具有约束力,或为满足与税收相关联条件而订立的合同。实践中,一般将企业年金计划视作由雇主主导发起、专业机构提供、企业及职工自愿参与的信托产品或者其他金融产品。(2)2012年3月,我国人社部发布了《企业年金计划管理合同指引》(以下简称《管理合同指引》),[①]其中明确规定:企业年金方案指由企业发起、企业职工参与、经过企业和职工集体协商,并经人力资源社会保障行政部门审核备案的具有法律效力的文件;企业年金计划是指由企业年金方案和企业年金基金管理合同等法律文件组成的合同集合。因此,立法层面认为,企业年金计划不同于企业年金方案,二者属于包含与被包含的关系。

---

① 参见2013年3月15日,人力资源和社会保障部《关于印发〈企业年金计划管理合同指引〉的通知》。

事实上，存在不同理解的原因主要在于企业年金的制度结构不同。如前所述，有些企业年金计划在设立阶段，一般无须先行订立年金方案或规约，企业和职工作为委托人，可直接参与受托人提供的单一或集合计划，体现信托型结构特点。我国企业年金计划则将企业年金的方案制定与基金管理业务相分离，企业及职工需先制定企业年金方案，受托人仅承担信托管理职责，体现契约型结构特征。

### （二）企业年金计划的不同类别

1. 待遇确定型（DB）与缴费确定型（DC）

按待遇领取方式不同，企业年金计划可分为待遇确定型计划（defined benefit plan，DB 型计划）和缴费确定型计划（defined contribution plan，DC 型计划）。[①] DB 型计划是指，企业通常根据职工的工作年限、工资水平、工作职位等，提前确定一个固定的企业年金待遇金额，等职工正式退休时，可以自由将其取出。该类计划模式一般采现收现付制、非个人账户累积制，职工的待遇领取极易受企业投资风险的影响，不具有稳定性。DC 型计划则指，企业及职工按企业年金计划约定的比例出资，采个人账户累积制，可以通过投资运营获取企业年金收益。DC 型计划与 DB 型计划不同，职工退休后的企业年金待遇水平，取决于个人账户中的缴费累积及投资收益。

我国企业年金计划在发展初期采用了 DB 型计划模式，实行现收现付制。后来由于该种计划模式过度依赖企业筹资，企业到期未付的风险极高。因此，继而转向 DC 型计划模式，借此能给雇员提供

---

① 参见郑秉文：《养老保险“名义账户”制的制度渊源与理论基础》，载《经济研究》2003 年第 4 期。

一个稳定的、可预期的养老金替代率。[1]

2. 单一计划型与集合计划型

按企业规模及数量不同，企业年金计划可分为单一计划和集合计划。单一计划是指针对单一企业建立的企业年金管理计划，即受托人将一个委托人交付的企业年金基金，单独进行受托管理。集合计划是指针对多个企业建立的大型企业年金管理计划，即受托人将多个委托人交付的企业年金基金，集中进行受托管理。根据《企业年金计划账户管理合同指引》第1.9条、第1.10条的规定，企业年金理事会或符合资质的法人受托机构作为受托人，同样是账户管理、托管、投资管理合同的甲方，有权以自己名义，与专业机构签订委托管理合同，[2]形成委托投资法律关系。单一计划需对企业的缴费规模、服务标准、收费模式设置个性化条件，集合计划无此要求。总体来讲，单一计划缴费门槛高，集合计划各项服务经济效益高。我国业已建立企业年金制度的企业中，参与单一企业年金计划的多为大型国有企业，参与集合计划的多为中小型企业。

### (三) 企业年金计划的设立及筹资模式

1. 企业年金计划的法律基础及设立条件

按照企业年金的相关规定，企业年金属于一种补充养老保险制

---

① 养老金替代率指养老金收入占退休前工资收入的百分比，一般定义为个人进入退休期所领取的养老金与进入退休期上一年度工资的比率或进入退休前3～5年平均工资的比率。

② 《企业年金计划账户管理合同指引》第1.9条规定，受托人是指受托管理企业年金基金的符合国家规定的养老金管理公司等法人受托机构，本合同中特指甲方。第1.10条规定，账户管理人指接受受托人委托管理企业年金基金账户的符合国家规定的专业机构，本合同中特指乙方。

度;企业年金方案属于企业与职工协商制定的职工退休待遇安排;企业年金计划是企业年金方案与其他管理合同组成的普通关联性合同集合。因此,企业年金计划是整个企业年金制度的核心关键,为了保障其合法运营,人社部相继颁布了包括《企业年金办法》《企业年金基金管理办法》在内的多项部门规章与规范性文件,企业年金制度的基本框架已经确立。

2012 年 3 月,人社部颁布《管理合同指引》,2017 年 12 月,人社部养老保险司颁布《〈企业年金方案〉(实施细则)范本(2018 年版)》(以下简称《实施细则》)。《管理合同指引》和《实施细则》为企业年金的基金管理、方案制定业务,提供基本指引,解决实践疑惑。然而,过于细化的规定指引,反而导致目前市场上运行的企业年金计划,基本都是按照《管理合同指引》和《实施细则》的内容制定,灵活性较差。因此,该等采用行业主管部门牵头制定、主要条款是由当事人协商确定的私主体合同,究竟应按照格式合同还是一般合同理解不无争议。

根据《企业年金办法》的规定,企业建立企业年金制度,应具备相应的条件和程序。其中,条件包括:(1)企业职工已依法参加基本养老保险;(2)企业具有相应的经济负担能力;(3)企业建立集体协商制;(4)企业与职工自愿设立。程序包括:(1)企业与职工集体协商制定年金方案;(2)企业将年金方案报送至人社部监管部门;(3)报送部门 15 日期满未提出异议;(4)企业年金方案生效。

2. 企业年金计划的筹资模式

企业年金计划的筹资模式包括:现收现付制、基金制以及直接保险制。

现收现付制筹资是指,企业根据现任职工工资的一定百分比收取资金，资金筹措后，会被当作企业年金待遇，同期支付给企业已退休人员。如此，企业经营状况良好，现筹资金增多，现付退休职工待遇也会提升；反之，企业经营状况较差，现筹资金水平下降，现付退休职工待遇就会随之降低。在该种筹资模式下，企业年金待遇水平同企业经营挂钩，不具有稳定性。因此，世界各国大多摒弃此种筹资模式。

基金制筹资是指，企业职工享有企业年金个人账户，企业同职工按照统一费率在职工个人账户中提留或缴纳资金，企业年金缴费及投资收益逐年累积，形成企业年金基金。一般情况下，基金制筹资还应参加再保险计划，这在德国是非常普遍的风险分散方式。[①] 美、英、日等国均借鉴了此种模式。

直接保险制筹资主要是指，企业与保险公司订立年金保险合同，实施企业年金计划，具体包括个人或团体年金保险合同。早期的企业年金计划设立阶段，企业无须为雇员设立专门养老基金，无论采取DB 型还是 DC 型企业年金计划，企业购买的年金保险都能够将投资风险转移给保险公司。因此，该种新兴筹资模式受到许多国家的青睐。

综上，现收现付筹资模式下，职工权益保障较弱，未形成专门的退休储蓄基金，不适宜企业年金制度的发展。相较之下，基金制及直接保险制采基础信托合同形式，能够保障企业职工的退休待遇支付，具有借鉴意义。

### （四）企业年金计划的生效与失效

企业年金计划的生效问题。企业年金市场上，正式运营的年金

---

①　参见张树新：《全球企业年金（2003）》，中国劳动社会保障出版社 2004 年版，第 84 页。

计划数量众多,监管部门很难进行全面审查,因此,对企业年金计划而言,只有少数国家采用批准生效主义,大多国家只需经过备案审查,企业年金计划即开始生效。我国实行的是一种特殊的备案制,即异议审查制。根据《企业年金办法》第9条、第10条规定,中小型企业需向所在地县级以上人社局报送企业年金方案,大型央企需向人社部报送企业年金方案并进行备案。[①] 中央或地方人社部门对企业年金方案享有15日内的异议权,如在期限内未提出异议的,企业年金方案即行生效。

企业年金计划的失效问题。我国《企业年金办法》第12条规定了如下失效情形:(1)企业因依法解散或者被宣告破产等原因,致使企业年金方案无法履行;(2)因不可抗力等原因致使企业年金方案无法履行;(3)因出现企业年金方案约定的其他终止条件的。[②] 符合以上条件之一,企业年金方案即行终止。值得注意的是,即便上述兜底条款赋予企业有权规定年金方案的终止情形,但对于企业自行规定之情形,如何评判其是否达到与前述企业破产、依法解散、不可抗力情形相近的程度,立法层面仍需进一步明确,否则可能发生企业滥用优势支配地位,损害职工退休权益的不利后果。

## 二、我国企业年金制度的支付基础

### (一)职工领取企业年金待遇的条件是否合理

我国《企业年金办法》第24条明确规定,符合下列条件之一的,才可以领取企业年金:(1)职工达到国家规定退休年龄或完全丧失劳

① 参见《企业年金办法》第9条、第10条规定。
② 参见《企业年金办法》第12条规定。

动能力；(2)职工出国定居；(3)职工死亡。[①] 此规定存在如下明显疏漏：

首先，未规定例外情形下企业职工的年金领取权。《企业年金办法》在设定待遇领取条件时，仅对职工可能出现的退休、完全丧失劳动能力、出国、死亡情况作明示列举规定，未考虑如企业滥用优势地位损害职工权益、职工退休前突发重大疾病，或遭遇重大生活变故等亟须提前支取企业年金的例外情况。

其次，未保障企业职工供职单位变化时的年金领取权。目前我国尚未建立个人养老金的统一账户制，基本养老保险、企业年金、职业年金以及个人商业养老保险的账户分设。原企业基于或非基于客观理由，不再与职工继续劳动合同关系、职工新供职企业尚未建立企业年金制度时，该职工享有的年金待遇资金仍由原企业管理，职工无权领取。虽然《实施细则》规定职工与企业可就企业年金的缴费比例、年限、待遇领取方式等程序性事项进行协商，但对于待遇领取条件等关系到职工退休权益的实质性条款，职工却无权与企业协商。故企业职工的年金领取权机制设计存在缺陷。

最后，相关缴费与领取机制设计是否公平值得商榷。如前所述，我国建立企业年金制度的大多为大中型国有、政策支持企业，对这部分企业而言，一方面，年金制度可以通过保障退休职工权益，吸引、稳定优秀骨干人才；另一方面，则可以防止董、监、高等高层管理人员利用企业年金制度牟取私利，变相侵吞企业资产。为实现企业年金待遇分配之公平，《企业年金办法》第 18 条、第 19 条规定，单位当期缴费计入职工企业年金个人账户的最高额与平均额的差距不得超过 5

---

① 参见《企业年金办法》第 24 条。

倍,职工个人账户中的企业缴费及投资收益,完全归属于职工个人的期限最长不超过 8 年。此机制虽有利于抑制高层管理人员从企业年金待遇支付中攫取利益,但其公平性仍受质疑。①

综上所述,《企业年金办法》明确规定企业职工的待遇领取条件,一定程度上,可有效遏制企业年金发展过程中的无序领取乱象,严格规范并约束了部分企业高管假借年金待遇领取,实际侵吞公司资产的行为,充分体现了立法的正面指引作用。但是,过于僵化的领取条件、例外情形下考量职工亟须提前领取年金待遇的机制设计缺失,以及在企业年金制度设立过程中,企业职工对于关乎自身实质利益的话语权与选择权的缺失,均亟须从立法层面不断加以完善。

### (二)职工领取企业年金待遇的方式是否灵活

企业年金待遇支付方式主要分为三种:一次性支付、年金支付(逐年分批次)、转账支付。目前实践中常用的企业年金支付方式包括:(1)允许自由选择一次支付或逐年分批支付;(2)允许一次性支付,但限制其总水平。

如前所述,《企业年金办法》第 24 条规定了年金待遇的领取条件,其优缺点无须再次赘述。根据该条规定,职工虽然无权决定何时可以领取企业年金,但在符合法定领取条件后,职工有权选择如何领取年金,主要方式包括:(1)从本人企业年金个人账户按月领取;(2)从本人企业年金个人账户分次领取;(3)一次性领取企业年金;(4)将企业年金全部或部分购买商业养老保险产品,依据保险合同待遇领

① 参见《企业年金办法》第 18 条、第 19 条。

取。[①] 我国企业年金立法规定了职工不同的年金领取方式，总体上未限制其待遇领取水平，体现了一定的灵活性。

### （三）企业支付企业年金待遇的水平是否标准

企业年金待遇支付水平主要指，企业年金替代率或实际支付金额，是否随物价水平的变动而变化。按照企业年金计划的不同分类，我国企业年金制度采取的是缴费确定型（DC）模式，实行完全累积的基金制，企业和职工所缴费用，共同计入个人账户，职工退休以后所能领取的企业年金待遇，完全决定于账户累积金额及相关投资收益，很少受通货膨胀、物价变动的影响。因此，职工无须为通货膨胀抑或物价变动忧虑，因为这并不会对年金待遇领取产生实质性的影响。值得注意的是，企业年金基金的储存时间较长，累积数额较大，通过确保基金的长期保值和增值，以期抵御难以预测的通货膨胀影响具有现实难度。[②] 因此，可以通过不断拓展企业年金的低风险投资渠道，稳定年金收益，来弥补物价差异。

## 三、我国企业年金制度的管理基础

### （一）我国企业年金制度的主要管理内容——企业年金基金

根据《企业年金基金管理办法》第 2 条第 2 款规定，企业年金基金指依据企业年金计划筹集的资金及其投资运营收益形成的企业补充养老保险基金。各国对于企业年金基金的法律定义不同。广义的

① 参见《企业年金办法》第 24 条。

② 参见张新民：《养老金法律制度研究》，人民出版社 2007 年版，第 337 页。

企业年金基金是指,由养老金计划供款、相应投资收益构成的聚合资产。[①] 狭义的企业年金基金是指,完全独立于企业资产的、由职工参与管理的自治型企业年金基金。

我国对于企业年金基金的界定处于广义与狭义之间,企业年金基金完全独立于企业资产运营,企业及职工名义上参与,但实质上由受托人全权管理运营。因此,本书认为,企业年金基金实质为企业和职工通过账户筹资及累计投资所形成的财产集合,目的是保障退休职工的养老权益。

### (二)我国企业年金基金的治理结构

我国企业年金基金的治理结构为"信托+委托"的双层结构。参与主体包括:企业和职工(委托人)、受托人、职工(受益人)、账户管理人、托管人、投资管理人;具体形式为:企业和职工同受托人签订信托合同,受托人以自己名义,对外订立托管、账户管理、投资管理等合同。相应法律规定包括《民法典》《信托法》《企业年金办法》《企业年金基金管理办法》等。

实践中,信托模式一般分外部信托与内部信托。外部信托是指,企业及职工通过选定符合资质的法人受托机构,选择加入单一或集合企业年金计划,完成企业年金的基金托管。内部信托是指,企业与职工先订立企业年金计划,而后委托一个具有独立法人地位的管理委员会管理企业年金计划。管理委员会属非营利性实体,可由企业单独设立,也可联合其他行业机构共同设立。

---

① See Juan Yermo, *Revised Taxonomy for Pension Plans*, Pension Funds and Pension Entities, OECD, October 2002.

我国企业年金的基金管理模式主要指内部信托加外部委托。内部信托是指,企业及职工作为委托人,同受托人签订信托合同,明确双方权利义务范畴,受托人虽以自己名义代理企业年金事务,但必须遵循委托人制定的投资战略,受托人需按信托合同内容,向委托人公开相关计划缴费、基金投资、企业年金待遇支付、资产和负债的精算价值等信息。外部委托是指,受托人通过与托管人、账户管理人、投资管理人订立企业年金的基金托管、账户管理、投资管理合同,分管企业年金资金,无论是哪一分管程序,均需遵循信托资产与自有、托管、账户管理、投资管理的其他资产相分离的原则,受托主体不得挪用受托基金资产。①

即使企业破产,其债权人也无权将企业年金资产进行抵债,有效避免了职工年金待遇领取可能受损的情形,实际保障了职工的附期限既得利益,符合物权效力优先于债权的基本原则。

## 第二节 我国企业年金的税收优惠制度

### 一、我国企业年金税收优惠政策的法律依据

对企业年金的发展而言,税收优惠政策的激励作用主要体现在以下三个环节:(1)缴费环节;(2)基金投资环节;(3)待遇给付环节。借助 E(代表免税)、T(代表征税)表示不同税收优惠模式:我国企业年金税优政策历经过 TEE 三个阶段,目前采取的是 EET(缴费、投资

① 参见劳动和社会保障部社会保障研究所、博时基金管理有限公司:《中国企业年金制度与管理规范》,中国劳动社会保障出版社 2002 年版,第 76 页。

环节不征税，给付环节征税）缴税模式。①

第一阶段，TEE 缴税模式。2009 年 12 月，国家税务总局发布《关于企业年金个人所得税征收管理有关问题的通知》，规定除符合国家有关规定实际缴付的基本养老保险费、基本医疗保险费、失业保险费和住房公积金外，其他补充保险和商业保险以及超标准的基本保险应当征收个税，企业年金也被纳入征税范畴。在此期间，企业年金在缴费环节缴纳个人所得税，投资、给付环节不征税，即 TEE 模式。

第二阶段，TEE + EET 混合缴税模式。2011 年国家税务总局发文解决了关于企业为月工资收入低于费用扣除标准的职工缴存企业年金的征税问题，缴费阶段为单位免税 5%，对职工在缴费阶段征税而在领取阶段免税，形成部分 TEE、部分 EET 的中国特色税收优惠制度。②

第三阶段，EET 缴税模式。2013 年财政部、人社部、国家税务总局联合发布《关于企业年金、职业年金个人所得税有关问题的通知》，正式确立了企业年金 EET 缴税模式，对符合条件的企业年金职工个人账户金额，在缴费环节、年金基金的投资运营以及收益分配环节暂不征收个人所得税，纳税义务递延至职工实际领取年金待遇环节。至此，我国企业年金制度正式进入 EET 缴税模式的阶段。

---

① 企业年金的税优模式主要分以下 5 类：(1) EET 模式。对企业和职工缴费、投资收益给予免税待遇，但在职工领取企业年金待遇时进行课税。(2) ETT 模式。对企业和职工缴费时免予课税，但在企业年金的投资收益、领取待遇环节进行课税。(3) TEE 模式。对企业和职工缴费时进行课税，在企业年金的投资收益、待遇领取时免于课税。(4) TTE 模式。对企业和职工缴费、投资收益阶段进行课税，但在领取企业年金待遇时免于课税。(5) EEE 模式。即对企业年金计划的缴费、投资收益和待遇领取三个环节全部免于课税。

② 参见黄薇、王保玲：《基于个税递延政策的企业年金保障水平研究》，载《金融研究》2018 年第 1 期。

## 二、我国企业年金税收优惠政策的实施现状

我国企业年金税收优惠政策的实施与个人所得税制度的改革进程紧密相关。具体而言：

(1)2009 年，我国实行个人所得税分税制，立法规定对于职工的退休工资或退休金免于课税。如果在年金领取环节征收个人所得税，税务机关必须在企业建立年金制度后的数十年，随时监控企业年金的运行，并且需要保存数十年的个人信息，当时的税务机关还不具备这方面的征管能力。① 因此，当时立法层面采纳了 TEE 缴税模式，即在企业年金的缴费环节先行征税，投资、领取环节不予征税，此模式符合当时的税制发展实况，具有合理性。

(2)2013 年《关于企业年金、职业年金个人所得税有关问题的通知》颁布后，我国开始采用典型的 EET 缴税模式。因当时我国个人所得税分税制转为综合税制，税务系统内部形成了全国统一的信息化税务管理平台，故 EET 缴税模式具备现实的发展基础，更利于企业年金税收优惠红利的凸显。

我国的企业年金税收优惠政策目前仍存在有待完善之处，主要包括：

(1)重复计税。根据《关于企业年金、职业年金个人所得税有关问题的通知》的规定，对于超过标准缴付的企业年金企业缴费和个人缴费部分，应并入个人当期的工资、薪金所得，依法计征个人所得税。在 EET 税征模式下，对于该超标准缴税部分，若不准许扣减，属于重

---

① 国家税务总局办公厅：《国家税务总局所得税司负责人就企业年金个人所得税征管问题答记者问》，载国家税务总局网站 2009 年 12 月 11 日，http://www.scio.gov.cn/xwFbh/gbwxwfbh/xwfbh/swzj/Document/492144/492144.htm。

复征税；若准许扣减，无相应法律依据。因此，实践中很多企业为了避免重复缴费，通常将企业年金缴费比例降到4%以内，不利于企业年金的发展与壮大。①

（2）计税规则。在《关于企业年金、职业年金个人所得税有关问题的通知》中，对于企业年金的一次性、按月、按季度、按年分期领取，出境、死亡一次性领取等不同领取方式，均规定了相应的计税规则，但对购买商业年金保险之年金领取方式，并未明确具体计税规则。因此实践中存在较多不同做法。

（3）税优激励。现阶段，企业年金制度采EET缴税模式，该税收优惠政策并非免税政策，仅属递延纳税型政策，低收入职工退休后在缴纳税费时，相关年金税负未降反升，逆向补偿的问题十分突出。目前企业年金税前扣除比例较低，税收优惠政策的激励作用有限。

## 第三节　我国企业年金的监管制度

### 一、我国企业年金的监管规定与监管主体

如前所述，我国现已确立以《企业年金办法》《企业年金基金管理办法》为核心的基本法律框架，后续颁布的《管理合同指引》《实施细则》《关于企业年金、职业年金个人所得税有关问题的通知》等，分别对企业年金的系列管理合同、方案制定、个税缴纳问题作出了细化规定。企业年金的监管法规分布于不同的部门规章与规范性文件之中，内容较分散，权威性略不足，可操作性有待提升。

---

① 参见郑秉文：《扩大参与率：企业年金改革的抉择》，载《中国人口科学》2017年第1期。

企业年金制度的监管主体包括：私合同监管主体以及行政监管主体。私合同监管主体指的是企业及职工(委托人)、企业年金理事会抑或具有资质的法人受托机构(受托人)以及具有年金管理资格的保险公司、信托公司、证券公司、银行、养老金管理公司、基金公司等金融机构。企业及职工依据企业年金管理合同对受托人的代管行为进行监督，受托人依据企业年金的账户管理、托管、投资管理合同等，对其他金融机构的代理行为进行监督。该种相互分离的私主体监管模式，导致企业及职工对其他金融机构的监督力、约束力较弱，合同主体间的监督效率较低。企业年金的行政监管主体则指中央及地方人社行政管理部门、财政部、原中国银保监会、中国证监会、保险行业协会等。多头监管导致企业年金的行政监管呈分散化、碎片化监管特点。

## 二、我国企业年金发展的监管规则

企业年金制度的监管规定，主要分布于《企业年金办法》《企业年金基金管理办法》等规定之中，但总体上讲，还未形成一个较为完善的监督法规体系，统一性略不足。在企业年金监管实践中，针对存在的多头监管以及监管真空等问题，立法层面尚未制定出有针对性的法律监管手段，监管主体缺乏有效的立法指引。现阶段，企业年金逐步向商业保险转型，通过创设授权型制度结构模式，能够赋予受托人在合法范围内的特殊代理权，使受托人以管理型总代理身份，代管企业年金整体事务，由此逐步向商业保险迈进。但是，该制度创新需要注意的是，要防范化解整体年金事务委托可能带来的金融风险与监管挑战。企业年金监管法规，需在企业年金的业务经营、市场准入、监督管理等方面不断加以完善，以严格的法律监管手段，保障企业年金平稳过渡为商业保险。

我国总体实行的是混业经营和分业监管模式。[①] 在混业经营模式下，企业年金的行政监管主体之间，容易出现部门协调不畅的局面。现阶段，企业年金市场上运行的年金计划数量较多、运行程序较为复杂，监管机构无法全方位、全过程、全周期进行有效监管。

---

① 参见马伯寅：《我国企业年金信托受托架构的本土化问题——以企业年金信托受益人保护为中心》，载《保险研究》2009 年第 8 期。

# 第四章　我国企业年金法律制度的发展进路

本章从企业年金的法律构建角度出发，逐一厘清企业年金发展过程中的制约因素，以促进企业年金制度的不断完善。

## 第一节　我国企业年金制度发展的制度诉求

### 一、需要清晰的企业年金相关基本概念性质

#### （一）企业年金的法律性质

《企业年金办法》第2条规定未明确企业年金的法律性质，比如其究竟属社会保险、商业保险、企业补充养老保险的替代品抑或其他。学界对此也存在较大争议。

本书认为，应将企业年金定性为一种过渡型补充养老保险制度。理由为：首先，自1999年国务院整顿保险业以来，明确提出除特殊行业的企业补充养老保险需要纳入社保统筹，其他行业企业补充养老保险均为商业保险，要逐步向商业保险过渡。企业年金系由之前的企业补充养老保险更名而来，尚未完全过渡至商业保险。其次，社会保险的法律性质为，国家为公民在特殊情况下建立的，可从国家和社会处获得物质帮助的基本保险制度。商业保险的法律性质为，投保人与保险人基于自愿合意，约定对特定保险标的、保险事故承担保险

保障的私力救济合同。对企业年金而言,其既未向公民提供基本物质帮助,亦未将职工退休作为保险标的予以许诺承保,其在本质上是企业向退休职工支付的金钱对价,可视为一种由企业为职工建立的退休福利制度。故其既非社会保险,也非商业保险。

### (二)企业年金计划与企业年金方案的性质

2012 年 3 月,人社部发布的《企业年金计划管理合同指引》,明确企业年金方案与企业年金计划非同一法律概念。[①] 企业年金计划本质上属于涵盖企业年金方案与其他企业年金管理合同在内的普通合同集合,其法律性质为普通关联性合同,产生争议时,按不同合同类别处理。

对企业年金方案而言,根据《企业年金办法》第 30 条规定,企业年金方案的有关争议,按有关集体合同的规定处理。该规定并未明确企业年金方案的合同性质,仅从合同争议方面,提出了按集体合同处理的解决途径。因企业年金方案的基本内容与人社部发布的《实施细则》一致,[②]故企业年金方案究竟属于集体合同抑或其他合同性质不无争议。

另外,企业年金方案应当可归入格式合同范畴。根据《民法典》第 496 条的规定,格式条款是当事人为了重复使用而预先拟定,并在订立时未与对方协商的条款。采格式条款订立的合同称为格式合同。企业与职工制定企业年金方案时,因职工人数众多,为重复使

① 《企业年金计划管理合同指引》第 1.2 条规定,企业年金方案指由企业发起、企业职工参与、经过企业和企业职工的集体协商,并经人力资源社会保障行政部门审核备案的具有法律效力的文件;企业年金计划是指企业年金方案和企业年金基金管理合同等法律文件。

② 参见李楠、姚慧琴:《日本企业年金制度的发展及对我国的启示》,载《西北大学学报(哲学社会科学版)》2014 年第 5 期。

用,企业大多采用人社部发布的示范合同文本,双方并不能对涉及实质内容的方案条款进行协商,职工申请加入时,企业和职工通常只对非实质性条款进行补足,故其具有典型的格式合同特征。

### (三)企业年金基金的法律性质

根据《企业年金办法》第14条、《企业年金基金管理办法》第2条第2款规定,企业年金基金包含企业缴费、职工个人缴费、企业年金基金投资运营收益三个方面。从法律性质方面分析,企业年金经企业及职工缴费累积,在委托受托人管理后,同投资收益一同构成企业年金基金。后续,受托人以自己名义同账户管理人、托管人、投资管理人订立委托合同,分管企业年金基金的各项事务。根据《企业年金基金管理办法》第11条规定,企业年金基金不对基金财产本身以外的任何债务承担责任,企业年金基金与委托人、受托人、托管人、账户管理人、投资管理人的自有资产相分离。因此,企业年金基金作为一种基金财产,是由委托人基于对受托人的信任,向受托人进行授权委托,受托人以自己名义为受益人利益管理基金财产,符合信托行为的法定要义。故企业年金基金宜被定义为一种信托财产。

## 二、需要更高位阶的企业年金规范

目前,企业年金制度的相关规定多为部门规章、规范性文件,位阶不高,企业年金的监管法规内容分散,可操作性亟待进一步完善。本书认为,可从如下方面完善:(1)在《社会保险法》《劳动法》等社会保障基本法中,提出企业年金的基本概念,明确企业年金作为补充养老保险制度的统一法律地位。(2)梳理企业年金的部门规章及规范性文件,制定企业年金统一法律规定,提升企业年金法规的效力层级。(3)统一企业年金方案制定与基金管理业务。通过赋予适格受托人管理企业年金整体事务的权利,促使企业年金制度结构从契约型走向信托型,促进企业年金向商业保险的过渡。(4)细化企业年金的整体事务委托,允许受托人在合法授权下,代理制定企业年金方案。(5)严格受托人市场准入规则和业务经营规则。从立法层面严格规范企业年金业务受托人的市场准入与业务经营条件,防止受托人损害职工退休权益事件的发生。

## 三、需要明晰的企业年金监管主体职责

目前,企业年金已发展成为一个新兴独立的金融业态,宜向中心化、专业化监管不断迈进。具体可从以下几方面进行完善:

(1)建立层次分明的监管体系,明晰不同监管主体的职责范围。目前企业年金的监管主体包括人社部(包括地方人社行政部门)、财政部和其他业务监管部门(包括原中国银保监会、中国证监会、保险行业协会等),监管主体众多,监管职责叠覆。因此,厘清监管重心,区分不同主体的监管职责迫在眉睫。对中央及地方人社部门而言,其监管职责可明晰为备案程序监管,主要负责接收企业年金的方案报送、提出异议以及评审企业年金业务是否符合备案、报送要求,其内部专家评审委员需对所评事项承担责任。对原中国银保监会而言,应确立其企业年金的监管主导地位,具体可在其内部设立一个企业年金监管局,承担年金管理机构的市场准入与企业年金计划的运行监管职责,并应负责尽快建立起全国统一的企业年金信息管理系统、统一企业年金计划的数据(包括纳税信息)报送口径及信息披露标准等,并对企业年金计划的管理运行进行实时监控。对中国证监会而言,其监管职责可主要针对在证券市场上违规拆借年金资金进

行投资的行为。对于保险行业协会等自律性行业管理组织而言，则需要结合行业特点，及时完善相关的行业自律规范。这样，即可形成主次分明、监管边界相对清晰的企业年金监管体系，提升监管效率。

(2)区分行政监管与业务监管。根据《企业年金办法》的有关规定，人社部的监管职能即备案审查权、提出异议权等，多体现为行政程序监管，而非业务专属监管。因此，在条件成熟时，可以考虑在原中国银保监会的企业年金监管局之外，通过行政委托，将部分企业年金业务的监管职能授予大型专业的中介机构代为行使，充分发挥行业自律组织的作用，实现企业年金行政监管与业务监管的更有效运行。

(3)建立预警与信息披露机制。在企业年金制度体系内，企业和职工、受托人、账户管理人、托管人、投资管理人间，现阶段主要是以信托—委托合同形式，敦促各方履行合同内容，保障主体权益，尚未体现出风险预警的监管意识。因此，有必要在以受托人为中心的各项企业年金事务管理人层面，设立企业年金预警机制，防范偿付不能风险，严格执行月报、季报抑或年报的信息披露机制。

## 四、需要提升税收优惠立法层次与优惠幅度

2013年，人社部、财政部、国家税务总局联合发布的《关于企业年金、职业年金个人所得税有关问题的通知》，正式确立了企业年金制度的EET缴税模式。具体内容包括：(1)年金个人缴费扣除标准为工资计税基数的4%；(2)职工缴费、投资阶段不缴税，递延至领取阶段纳税；(3)职工达到法定退休年龄，一次性抑或分月领取企业年金，全额按工资、薪金所得缴税；(4)职工出国定居抑或死亡时，提前领取企业年金可分摊至月缴税，除此之外不得分摊。由于此通知仅

仅是一份部门规范性文件,效力层级不高,其关于企业年金税收优惠的规定主要是一种政策性规定,具有不稳定性,故难以实现真正的税收优惠激励作用。因此有必要适时出台企业年金税收优惠的法律或行政法规,并通过适当扩充税前列支项目,提升企业年金个人可扣缴比例,比如可考虑将4%的扣除缴费基数逐步提高至8%及以上,以期真正发挥税收优惠措施对企业年金制度发展的充分激励作用。

## 五、需要畅通企业年金与职业年金的转换通道

企业年金与职业年金呈"双轨制"运行,二者均设立了个人年金账户,账户资金包括职工缴费、企业/机关事业单位缴费、投资收益。此"双轨制"运行状态在一定程度上阻碍了企业年金的发展,也不利于企业年金资金的有效利用。因此,我们亟须畅通企业年金与职业年金二者之间的自由转换通道,具体可从以下方面着手:

(1)明确个人账户中能够转移的资金。按照《企业年金办法》第22条、《机关事业单位职业年金办法》第8条的规定,职工供职单位发生变动时,企业抑或职业年金个人账户里的资金可以随之一并转移。但是,在企业年金个人账户中,企业缴费及其投资收益部分超过8年以后,并不完全归属于职工。① 因此,职工从原供职企业,进入现供职机关事业单位时,职工在原企业个人账户中的相关缴费及收益,存在所有权归属的不确定性,要想实现不同个人账户间的资金转移,首先还需解决个人账户资金的权利归属问题,否则容易导致移转纠纷,损害职工的合法权益。

---

① 参见《企业年金办法》第19条第2款规定:职工企业年金个人账户中企业缴费及其投资收益,企业可以与职工一方约定其自始归属于职工个人,也可以约定随着职工在本企业工作年限的增加逐步归属于职工个人,完全归属于职工个人的期限最长不超过8年。

（2）建立统一账户制。我国目前尚未建立养老金个人统一账户，多数职工对年金企业或职业年金个人账户的关注度、支配性较弱，仅对缴费金额有一般了解。因此，根据 2018 年 4 月原中国银保监会提出的建立个人养老金账户建议，企业年金、职业年金个人账户可归入个人养老金账户统一管理，通过绑定居民的身份证号，形成实名制管理，畅通企业年金与职业年金的自由转换通道，实现第二支柱的并轨式发展。

## 第二节　我国企业年金相关法律制度的健全举措

### 一、法定企业年金计划的设立条件

如前所述，我国企业年金制度的核心，是企业年金方案与企业年金计划。企业年金方案指的是体现格式合同法律特征，按集体合同规定处理争议的私主体合同；企业年金计划则指包含企业年金方案与其他基金管理合同在内的合同集合，法律性质为普通关联性合同。由于二者法律性质不同、设立条件不统一，故有必要在立法层面明晰企业年金计划应具备的设立条件：

第一，企业拟为职工建立企业年金制度；第二，企业须已参加基本养老保险社会统筹，能够按时足额缴纳基本养老保险费用；第三，企业具有一定经济实力，具体指企业能够用自有资金为企业年金供款，该部分资金成本不影响企业的竞争能力；第四，企业须已建立较为健全的内部职工代表大会、工会组织抑或集体谈判制度，民主管理基础较好；第五，对于满足或超过前三项规定标准的企业，故意、间接故意或采取其他方式不作为、不建立企业年金制度的，所在地区人社行政部门有权采取约谈、警告、检查等同等程度的行政措施,敦促有条件的企业积极承担保障退休职工养老权益的责任。

## 二、意定企业年金的业务授权与待遇领取

(1)业务授权方面。企业年金的方案制定与基金管理业务相分离,受托人无须提供企业年金计划,仅作基金信托管理。截至2021年10月18日,企业年金市场共有35家管理机构,63个管理资格,涉及银行、保险、信托等各类金融机构。[①] 同2005年相比,最早审批的有29家管理机构、37个基金管理资格,发展速度较缓慢。[②] 现阶段,我国尚未形成大型、专业、成熟的企业年金管理市场,但是部分管理机构如长江养老保险公司、建信养老金管理公司、平安养老保险公司等均具备了成熟、专业的企业年金业务管理能力,能够提供包含制定企业年金方案在内的一体化管理服务。因此,在业务授权方面,基于企业年金契约型制度结构,立法规定可赋予受托人在企业及职工法定授权范围内的特殊代理权,实现企业年金事务的整体意定授权,促进企业年金向商业保险不断转变。

(2)待遇领取方面。根据《企业年金办法》第24条规定,企业职工只有达到法定退休年龄、完全丧失劳动能力、出国定居、死亡时,才能领取企业年金待遇。该项规定忽略企业职工在法定退休前,可能存在的亟须提前领取年金待遇的情形,其合理性颇受质疑。对于企

① 《人社部社会保险基金监管局有关负责人就延期开展2020年企业年金基金管理机构资格延续评审工作答记者问》,载人力资源和社会保障部官网,http://www.mohrss.gov.cn/SYrlzyhshbzb/dongtaixinwen/buneiyaowen/202004/t20200410_365020.html。

② 参见《2005年度劳动和社会保障事业发展统计公报》,载人力资源和社会保障部官网,http://www.mohrss.gov.cn/SYrlzyhshbzb/zwgk/szrs/tjgb/201107/t20110723_69902.html。

业职工在法定退休前,可能出现的突发重大疾病、重大事故、重大合理支出等情形,虽未完全达到丧失劳动能力的程度,但职工正常生活已受重大影响,亟须其他补充性收入来源。因此,立法层面可对企业职工的突发情况进行合理考量,赋予企业和职工在一定限额、一定范围、一定条件下,双方能够对年金待遇提前领取情形进行意定协商的权利。

## 三、创设企业年金基金的管理型总代理模式

根据亚太经合组织的统计与分类,世界主要国家的企业年金计划分两大治理结构:一类是法律实体形式,包括信托型、基金会型、公司型的企业年金;另一类是合同形式,主要通过企业同外部专业金融机构订立信托合同,委托后者管理企业年金各项事务。企业年金的管理业务相互分离,企业与职工承担的是制定企业年金方案职能,受托人通过企业年金管理合同,承担的是管理企业年金基金职能,企业年金要想过渡为商业保险,需将企业年金的整体业务统一起来。部分具有成熟管理经验的信托、保险抑或养老金管理公司等,均能够承担包含制定年金方案在内的整体年金事务委托,授权型年金制度结构具有可操作性。

2017 年,在全国保险中介监管工作会议中,首次出现“管理型总代理”一词。[①] 随后,2020 年在中国寿险业峰会上,原中国保监会中介部负责人再次强调管理型总代理在保险中介市场运行的可行性。[②]

---

① 参见《保监会召开 2017 年全国保险中介监管工作会议》,载沃保保险网 2017 年 3 月 24 日, https://m.vobao.com/news/877947314983490355.shtml。

② 参见《中国寿险业峰会 2020 领导致辞》,载中国保险行业协会官网, http://www.iachina.cn/art/2020/12/15/art_45_104816.html。

管理型总代理本指保险行业的专业代理机构在保险销售的基本功能之外，可以接受保险公司的委托，从事销售之外的其他业务。[①] 现阶段，授权型企业年金制度结构与之相似，受托人在具备账户管理、托管、投资管理等资质时，在不违反现行《企业年金办法》《企业年金基金管理办法》等的前提下，实际能够享有除基本年金管理业务之外，额外接受企业及职工的合法委托，从事其他企业年金管理业务的权利。

因此，企业年金的授权型制度模式对于受托人的市场准入及业务经营规则，均提出了较高的监管要求，需不断完善现有法律规定。

## 四、降低企业年金投资运营的法律制度风险

### （一）识别证券市场高波动性及制度性条件缺失的风险

股票市场风险较高，企业年金基金投资需特别谨慎。我国企业年金制度发展仍处于过渡期，不具有为证券市场持续提供资金的能力。

### （二）加强企业年金制度运行的个人信息保护

根据2021 年 8 月审议通过的《个人信息保护法》第 13 条第 2 款、第 52 条规定，为订立、履行个人作为一方当事人的合同所必需，或者按照依法制定的劳动规章制度和依法签订的集体合同实施人力资源管理所必需，个人信息处理者可处理个人信息；处理个人信息达到国家网信部门规定数量的个人信息处理者应当指定个人信息保护

---

① 参见清华大学五道口金融学院中国保险与养老金研究中心：《2018 全球保险科技报告》，清华大学出版社 2018 年版，第 91 页。

责任人。

换言之,企业在为了与职工订立劳动合同,抑或从事其他企业管理活动中,如果需要收集职工不同的个人信息,其作为个人信息处理者,无须经过职工个人同意,此举有效减轻了企业管理职工信息的工作负担。但是,企业作为职工信息的收集与使用主体,在为职工建立企业年金制度时,涉及受托人、托管人、投管人、账户管理人等多方主体,企业职工的个人身份、金融账号、工资水平、缴税情况等敏感信息在各类主体间不断流转,信息泄露风险较高,从企业到各个金融机构,如果对个人信息的处理数量达到网信部的规定数量,均应设立个人信息保护负责人,以此加强对职工个人信息的保护。

现阶段,原中国银保监会在逐步建立统一的企业年金信息管理系统时,可以通过搭建政府企业年金信息发布平台,使受托人、投资管理人、账户管理人、托管人将各自收集、处理、分析的职工个人信息数据,统一上传至信息管理平台,明确数据报送口径、细化信息披露要求。

## 五、我国企业年金反避税征管法规的建立

现阶段,企业年金税收优惠政策存在重复计税、计税规则不完善等问题。我国在完善企业年金税收优惠政策的同时,为保证企业年金待遇支取的合理性,一方面可将税收优惠政策与反避税措施并举,对非例外情形下的提前支取情形予以处罚。另一方面,企业同职工协商确定不合理的待遇领取条件,违反反避税条款的,宜按偷税论处,不仅需补缴罚款,还应承担相应的行政甚至刑事法律责任。具体规定为:(1)规定免税缴费的比例及限额,防止企业或职工任意加大缴费金额进行避税,同时防止收入差距过大;(2)原则上禁止提前支

取企业年金待遇,但特殊情况除外,否则处以罚款;(3)设置特殊情况下提前支取年金待遇的计税规则,保证其与基本税收优惠规定相协调。

## 六、建立企业年金专业监管机构

现阶段,我国企业年金监管存在多头监管、职能叠覆、职责不清等问题,企业年金一部、两局、三会的监管体系,导致各监管机构协调不畅,难以形成监管合力。并且,多头监管模式下,不同监管机构在履行监管职责时,往往具有行业倾向性和地域保护性。因此,在企业年金市场发展成熟的阶段,有必要引入专业、独立、权威的第三方监管机构。[①] 这样可以提高企业年金监管的透明度和有效性,保障委托人和受益人的合法权益,减少监管盲区以及重复监管,避免出现监管寻租等情形。

---

① 该种权威机构类似于日本的厚生劳动省、美国劳工部下设的雇员年金和福利管理局、英国的职业年金监管局或澳大利亚的金融监管局(APRA),专门负责监管企业年金计划的设立和年金基金的归集、账户管理、托管、投资运营等全过程。参见吕江林、祝献忠、寇达奇:《完善制度建设——加快我国企业年金发展》,载《财贸经济》2008 年第 3 期。

# 第二编

# 商业养老保险法律制度

# 第五章 我国商业养老保险法律制度的发展历程

## 第一节 我国商业养老保险市场发展概况

### 一、社会老龄化与商业养老保险

人口老龄化是指人口生育率降低和人均寿命延长导致的总人口中因年轻人口数量减少、年长人口数量增加而导致的老年人口比例相应增长的动态。人口老龄化是世界各国面临的普遍问题,不仅主要发达国家大多进入老龄化社会,我国也面临严峻的人口老龄化问题。2000 年,我国突破老年人口系数标准,①正式进入老龄化社会。2021 年 5 月 11 日,第七次全国人口普查结果显示,中国 60 岁及以上人口占比超 18%,我国社会的人口老龄化程度进一步加深。随着时间的推移,以及综合生育率下降、人口预期寿命延长、城镇化水平提高等因素的叠加效应,我国人口老龄化趋势不断加剧,并呈现自己的特点。

一是老年人口总量大、老龄化进程速度快。最新的全国人口普查

---

① 老年人口系数指的是一个国家或地区老年人口占总人口的比例。通常认为,65 岁以上人口占总人口的比例达到 7%,或者 60 岁以上人口占总人口的比例达到 10%,可被认定为“老龄化社会”。联合国根据发达国家和发展中国家的人均寿命差异,将发展中国家或地区年龄 60 岁及 60 岁以上的人视为“老年人”。

结果显示,我国60岁及以上人口为26,402万人,占总人口的18.70%,其中,65岁及以上人口为19,064万人,占总人口的13.50%。与第六次全国人口普查相比,60岁及以上人口的比重上升5.44个百分点,①据此推测,65岁以上人口比重从7%增至14%的时间预计用时不会超过23年。② 综合老年人口增速、老年人口占比增幅和老龄化进程速度来看,我国人口加速老龄化已是难以逆转的事实。不少权威研究数据都认为,到2030年中国60岁以上老年人口占比将达到25%左右,2050年前后会有1/3的人口超过60岁,成为全球老龄化问题最严重的国家之一。③

二是区域间老龄化程度不平衡,"未富先老"问题突出。我国幅员辽阔,城乡差异明显,老龄化水平在城市和农村,以及不同地域之间始终存在不均衡的现象。2020年的全国人口普查数据显示,东三省、东部沿海、川渝地区的老龄化程度较高,西北地区的老龄化程度普遍较低。④ 严重的老龄化和受生育政策影响的少子化导致老年人口抚养比持续攀升,该数据在2019年已经高达17.8%,个人养老压力与日俱增,部分地区存在突出的"未富先老"问题。

在缓解人口老龄化对国家宏观经济负面影响的一系列制度探索中,养老金制度成为世界各国应对老龄化挑战的基础性制度安排。

---

① 参见《第七次全国人口普查主要数据情况》,载国家统计局官网,http://www.stats.gov.cn/tjsj/zxfb/202105/t20210510_1817176.html。

② 根据联合国的标准,一个国家或地区65岁以上人口占比超过14%即进入深度老龄化社会。

③ 《国家人口发展规划(2016—2030年)》、全国老龄办、世界卫生组织、联合国等对此均有预判,且数据非常接近。

④ 参见《第七次全国人口普查公报(第五号)》,载国家统计局官网,http://www.stats.gov.cn/tjsj/tjgb/rkpcgb/qgrkpcgb/202106/t20210628_1818824.html。

世界银行曾在1994年提出养老金“三支柱”的概念，[①]这是一个涵盖公共养老金、职业养老金和个人养老金的综合性养老金制度，旨在通过政府、雇主和个人的共同努力缓解国民养老的经济压力。其中，第三支柱系以个人名义自愿缴费形成资金积累，通过资本市场的投资运作实现资金保值增值的养老金计划。其既可以为无法参加第一支柱和第二支柱养老金计划的个人提供退休后的经济保障，也可以为已经参加第一支柱和第二支柱养老金计划的个人提供更加充足的养老保障，通常被视为国家社会保障体系的重要补充。从国际经验来看，构成第三支柱个人养老金的来源形式多样，保险、基金、信托等金融资产带来的收益是其中重要的组成部分。保险作为一种金融服务机制，具有长期性、稳定性、共济性等特点，成为养老金制度中重要的支撑部分，深入渗透至养老金“三支柱”的各个方面，在第一支柱和第二支柱中，保险机制更多体现出社会性，即社会保险或政策性的年金计划等。而在第三支柱中，商业养老保险发挥着极其重要的作用，主要包括商业保险公司经营的年金养老保险、两全保险等体现养老属性的保险产品。

从概念上看，养老保险体系与养老金体系存在一定的关联性，但是两者并不等同。综上所述，养老保险体系与养老金体系属于相互交叉的关系，商业养老保险应界定为养老金体系第三支柱中的重要组成，或者说重要的产品供给来源，我国相当一部分研究将第三支柱个人养老保险金与商业养老保险等同的做法值得商榷。从术语的表达看，商业养老保险的英文是 endowment insurance，而不是 individual

---

① 参见《防止老龄危机——保护老年人及促进增长的政策》，劳动部社会保险研究所译，中国财政经济出版社1996年版。

pension;中文的字面含义也表明“商业养老保险”依然需要遵循保险的基本原理——风险分散,积累养老资产只是养老金融产品共有的一种外在表现。根据原中国保监会《人身保险公司保险条款和保险费率管理办法》的规定,养老保险一般指年金保险中的养老年金保险。而在当前的保险实践中,所谓“商业养老保险”包含了个人年金保险、生死两全保险、部分团体年金保险、税延型养老险、专属商业养老保险等多种可以实现养老目的的产品形态,其中,又以个人年金保险最为主要。鉴于目前我国的政策文件和法律法规都没有对“商业养老保险”予以明确定义,统计资料中也缺乏统一口径,[①]为了后文的叙述方便,如无特别说明,本编中的“商业养老保险”指的是商业保险机构为分散社会成员的长寿风险为其提供的老年风险保障产品,具有突出的商业属性,是与社会养老保险相对应的概念。

## 二、我国商业养老保险的快速发展

随着人口老龄化程度的加剧,越来越多的国家开始选择三支柱的养老金模式,以应对老龄化带来的社会压力。我国经过20年的探索和尝试,基本建立了符合世界发展趋势的三支柱养老金体系。第一支柱是政府主导的基本养老保险制度,包括城镇职工基本养老保险和城乡居民基本养老保险两大类别。第二支柱是单位(雇主)主导的职业养老金制度,包括面向城镇企业职工的企业年金和面向机关事业单位人员的职业年金。第三支柱则是个人主导的个人养老金制度,以个人储蓄性养老保险为主。与国际上相比,我国的养老金体系

---

① 现有统计资料多为每年的年金加养老保险(社会基本养老保险)的总额,没有商业养老保险单列项。截至2020年年底,也只有税延型商业养老金被纳入统计口径。

兼具存量不足和增量有限的问题，且结构性矛盾突出，老龄化进程的加剧使养老金体系的可持续性面临巨大挑战。为了应对制度性养老金储备总量的不充分，解决或将面临的养老金缺口问题，我国一直在积极探索第三支柱养老保险的体系建设和实践深化。近年来，在国家相关政策的引导和支持下，商业养老保险有了突飞猛进的发展。

首先，年金类保险整体涨势良好。2020 年人身险公司的个人业务合计实现原保费收入 2.39 万亿元，其中，年金保险原保费收入为 1.1 万亿元，占比 46%。人身险公司的团体业务合计实现原保费收入 71.3 亿元，其中，年金保险原保费收入 31.1 亿元，占比 43.6%。约 20 家保险公司 2020 年的年报也显示，在保险费收入排名中，约半数人身险公司的前五大产品是年金保险，在畅销榜中稳居“C 位”，其中，万能型年金产品是绝对的主力。[①] 在销售渠道方面，年金保险主要依靠个人代理、银保和网销三大渠道。在 2020 年的网销人身险保费中，年金保险取得规模保费 490.1 亿元，同比增长 38.8%；年金保险保费收入占比为 23.2%，较上一年提升 4 个百分点，已成为仅次于寿险的第二大互联网人身保险险种。[②] 另外，从 62 家人身险公司的银保渠道畅销产品来看，在 2020 年期交产品年度销量前十名中，增额终身寿险和年金保险产品占据九个席位，已成为银行代理渠道业务结构转型的主要推动力之一。由于年金保险的设计灵活、收益相对稳健，其独特的产品优势在相关政策的引导下未来将有更大的发展潜力。

其次，个人税收递延型商业养老保险（以下简称税延型养老险）

---

① 参见《保险产品畅销榜　年金险抢占“C 位”》，载证券日报网，http://www.zqrb.cn/jrjg/insurance/2021-05-09/A1620574620463.html。

② 参见《理财产品降温　互联网年金保险提速》，载新华网，http://www.xinhuanet.com/2018-03/23/c_1122578253.htm。

试点取得初步成效。自2018年5月31日原中国银保监会率先批准12家保险公司试运营税延型养老险以来，市场参与主体逐步增加，目前已有23家保险公司获得运营资质，实际经营的保险机构为19家。截至2020年4月底，3个试点省市①税延型养老险累计保费收入3亿元，共计参保人数4.76万人。② 从试点地区的情况看，上海推广和发展状况较好。截至2019年6月，已实现保费收入1.2亿元，全国占比约78%，参保人集中在月收入1.7万元至3.7万元的人群。③ 尽管当前的数据表明，税延型养老险的试点效果与市场预期存在一定差距，需要二次破局，进行必要的制度设计优化，但是不可否认，几年来的试点积累了大量经验和数据，这将为后续试点工作的进一步开展和全国性推广打下坚实基础。

最后，专属商业养老保险试点落地。2021年6月1日，契合“三新”经济模式④和灵活就业劳动者特点的专属商业养老保险试点在浙江省和重庆市同时实施，包括中国人寿、人保寿险、新华人寿、泰康人寿在内的多家险企均在试点公司之列。此款产品的养老金积累和领取服务都更加灵活，能够满足人们不同时期的不同风险偏好，同时弥补灵活就业人群社会保障的不足，拓宽第三支柱养老保险的目标群体。不过，由于专属商业养老保险不具有强制属性，监管部门暂未公开相关税收优惠细则，加之试点时间尚短，试点效果有待观察。

---

① 分别为上海市、福建省（含厦门市）和苏州工业园区。

② 参见《保费收入和参保人数远低于市场预期——税延养老险为何叫好不叫座》，载新华网，http://www.xinhuanet.com/2020-07/06/c_1126199314.htm。

③ 参见信达证券研究报告《时不我待：我国三支柱养老体系建设——对比美国、日本的分析》，载信达证券网，2021年4月6日，https://pdf.dfcfw.com/pdf/H3_AP202104071481752160_1.pdf?1617791679000.pdf，第27页。

④ 指新产业、新业态、新商业模式。

## 第二节　我国商业养老保险法律制度的历史考察

在人口老龄化程度不断加深的背景下,我国养老金体系面临的最突出的挑战是三支柱体系的结构性失衡:长期以来过度依赖第一支柱基本养老保险制度,社会养老保险的资金储备已经明显不足;第二支柱企业年金与职业年金进入发展“瓶颈”,参加主体长期局限于国有大中型企业和国家机关单位,群体覆盖面不足;第三支柱养老金业务发展缓慢,税延型养老险成效有限,大量以养老为名的金融产品并未真正体现养老属性。进入 21 世纪,特别是最近十几年,政府部门多次提出加快发展第三支柱养老金业务,并在 2018 年之后持续向市场释放鼓励第三支柱养老保险发展的政策信号。在此种情况下,作为第三支柱养老金业务的重要组成部分,保险业应大力发展商业养老保险,深入参与第三支柱养老金体系建设。同时,保险业监管机构也相继颁布了一系列部门规章和规范性文件,加强对商业养老保险业务经营行为的规范和管理。

### 一、相关国家政策:持续关注、鼓励发展

我国对于养老金第三支柱的制度规范可以追溯至 20 世纪 90 年代。1991 年,我国首次提出养老金第三支柱的概念,主张“逐步建立起基本养老保险与企业补充养老保险和职工个人储蓄性养老保险相结合的制度”。① 后来,全社会养老保障的压力不断增加,为了弥补

① 参见《兴业证券研究报告:养老金第三支柱的国际比较研究》,载兴业证券网,https://dfscdn.dfcfw.com/download/A2_cms_f_20210511121740273870&direct=1&abc6577.pdf,2021 年 1 月 20 日,第 18 页。

老龄化日益加剧背景下的养老金缺口，国家政策层面逐渐意识到第三支柱商业养老保险亟须快速发展。2006 年 6 月，国务院《关于保险业改革发展的若干意见》提出“大力发展商业养老保险”，以及“积极发展个人、团体养老等保险业务”。2008 年 12 月，国务院办公厅《关于当前金融促进经济发展的若干意见》进一步鼓励商业养老保险专业化经营。2013 年 9 月，国务院《关于加快发展养老服务业的若干意见》（以下简称“新国十条”）发布，引导和规范保险机构开发适合老年人的保险产品，繁荣养老服务消费市场成为加快发展养老服务业的主要内容。“新国十条”鼓励保险业开展老年人住房反向抵押养老保险试点，积极探索创新型商业养老保险业务的健康发展。2016 年 3 月，原中国保监会等五部委联合印发《关于金融支持养老服务业加快发展的指导意见》，支持包括保险在内的金融机构积极应对老龄化社会发展要求，开展养老相关领域金融业务。

2017 年 6 月，国务院办公厅印发《关于加快发展商业养老保险的若干意见》（以下简称《商业养老保险若干意见》）。针对商业保险机构在风险保障、长期资金管理等方面的专业优势，以及市场化运作的机制优势，《商业养老保险若干意见》要求保险机构努力扩大商业保险产品供给、拓宽服务领域、提升保障能力，满足不同年龄段、不同就业形式的人民群众在基本保障之上更高水平的、更多样化的养老保障需求。自此之后，商业养老保险的发展速度明显加快。2018 年《关于开展个人税收递延型商业养老保险试点的通知》和《个人税收递延型商业养老保险产品开发指引》相继发布，税延型养老险终于在中国“破题”，真正的商业养老保险产品落地实施。

从近期的政策风向来看，国家已经多次发声，支持壮大第三支柱养老保险体系。2020 年 1 月，原中国银保监会等 13 个部门联合发布

《关于促进社会服务领域商业保险发展的意见》,提出加快发展商业养老保险,包括多样化的商业养老年金保险、个人账户式商业养老保险,首次明确“力争到2025年,商业养老保险为参保人积累不低于6万亿元养老保险责任准备金”的发展目标。同年12月,国务院常务会议部署人身险“扩面提质”稳健发展措施,商业养老保险正式被纳入第三支柱加快发展。随后召开的中央经济工作会议更是一举定调,将第三支柱养老金的发展细化到“养老保险”方向。2021年3月,《政府工作报告》和《国民经济和社会发展第十四个五年规划和2035年远景目标纲要》(以下简称《“十四五”规划纲要》)都明确表示,未来将着力规范发展第三支柱养老保险。

## 二、关涉商业养老保险的法律:进展缓慢、亟待提速

与国家宏观政策释放出的积极信号相比,受多方面因素影响,行业推动商业养老保险发展的具体监管制度(主要表现为保险业监管机构颁布的部门规章和规范性文件)进展相对缓慢,尤其是专项的监管制度,尚无法有效为商业养老保险的发展提供充分制度支持。

2007年11月,原中国保监会发布《保险公司养老保险业务管理办法》,这是我国首部专门规范养老保险业务的部门规章,该办法从经营主体、产品管理、经营管理等方面对保险公司养老保险业务的经营行为进行规范,明确养老保险业务包括个人养老年金保险业务、团体养老年金保险业务和企业年金管理业务,并对违规经营行为所要承担的法律责任作出规定。此后,保险监管机构又陆续在国家政策大力倡导的老年人住房反向抵押养老保险、税延型养老险和专属商业养老保险等创新型商业养老保险业务的规范发展上有所突破。原中国保监会和原中国银保监会分别于2014年6月、2018年7月发布

《关于开展老年人住房反向抵押养老保险试点的指导意见》和《关于扩大老年人住房反向抵押养老保险开展范围的通知》,将老年人住房反向抵押养老保险的开展范围由最初的 4 个试点省市扩展到全国,不断深化商业养老保险供给侧结构性改革。2018 年 5 月,《个人税收递延型商业养老保险业务管理暂行办法》出炉,原中国银保监会对保险公司开展税延型养老保险业务提出具体要求。一个月后,《个人税收递延型商业养老保险资金运用管理暂行办法》出台,原中国银保监会在普通保险资金运用监管政策的基础上就税延型养老险的资金运用提出若干专门要求。2021 年 5 月,原中国银保监会正式发布《关于开展专属商业养老保险试点的通知》,自同年 6 月 1 日起 6 家人身险公司在浙江省(含宁波市)和重庆市拉开专属商业养老保险试点的“大幕”。

此外,保险监管机构也在多份涉及保险业参与养老保障体系建设的重要规范性文件中表示,未来将不遗余力地支持商业养老保险的有序发展。2017 年 5 月,原中国保监会发布《关于保险业支持实体经济发展的指导意见》,鼓励商业保险机构为个人和家庭提供个性化、差异化的养老保障。2019 年 12 月,原中国银保监会出台《关于推动银行业和保险业高质量发展的指导意见》,提出加强养老保险第三支柱建设,鼓励保险机构发展满足消费者终身、长期领取需求的多样化养老保险产品,不断强化保险机构的风险保障能力。

## 第三节　我国商业养老保险法律制度的现状

### 一、基本法律层面有待进一步明确规定

严格来说,我国现行有效的相关法律中尚未就商业养老保险作

出明文规定,尤其是作为保险业基础法律的《保险法》,在人身保险合同及保险公司等相关章节中并没有对养老保险作出规定。商业养老保险的基础法律依据,只能在被誉为"社会生活百科全书"的《民法典》中,找到与商业养老保险有关的"蛛丝马迹"。

《民法典》物权编在用益物权部分新增居住权制度,从保险角度看,居住权的设立将对"以房养老"相关保险业务的开展产生积极影响。[①] 对于老年群体而言,《民法典》颁布实施之后居住权成为一项法定权利,老年人可以在其拥有的房屋上依法设置居住权,然后进行出售,通过这种方式在保障其居住权益的前提下取得更多的养老金收入,提升晚年生活质量。对于商业保险机构而言,一方面,保险公司无须受制于"反向抵押"方式开展"以房养老"业务,居住权的设立有可能影响后续"以房养老"相关保险产品及方案的设计。另一方面,老年群体出售房屋后将获得更多的养老金,保险公司可以面向此类老年群体推出相关保险产品,拓展与养老保障有关的保险业务。[②]

## 二、国家政策层面积极推进

2018 年 2 月,人社部、财政部会同发改委、国家税务总局、中国人民银行、原中国银监会、证监会和原中国保监会成立工作领导小组,启动建立养老保险第三支柱工作,包含商业养老保险在内的第三支柱养老金制度进入加速建设阶段。相关政策法规主要涵盖发展规

---

① 参见王和:《〈民法典〉将全面并深刻影响保险业》,载新浪财经网,http://finance.sina.cn/zl/2020-06-08/zl-iirczymk5847206.d.html?from=wap。

② 参见李杰利、沈旭等:《〈民法典〉对保险相关业务的影响分析》,载中伦网,http://www.zhonglun.com/Content/2020/07-29/1553352120.html。

划、制度设计、产品形态及其试点等几个方面的内容。

首先,商业养老保险和第三支柱的建设并非一朝一夕之事,需要进行长期规划。2020 年 11 月,中国保险行业协会发布《中国养老金第三支柱研究报告》,提出到 2030 年将第三支柱养老金扩充到 10 万亿元资产规模的远期规划,并确立实现这一规划的三个阶段。2021 年至 2024 年为第一阶段,主要聚焦账户体系建设、养老金企业专项政策。2025 年至 2027 年为第二阶段,侧重以税后制度为杠杆撬动养老金资产规模。2028 年至 2030 年为第三阶段,力争使个人养老金计划成为人民群众的标配和默认习惯。2021 年,万众瞩目的《"十四五"规划纲要》发布,如何积极应对人口老龄化问题成为坊间的热议话题。《"十四五"规划纲要》明确提出将大力发展多层次、多支柱养老保险体系,同时规范发展第三支柱养老保险。

其次,商业养老保险的制度设计主要涉及第三支柱养老金的治理模式是否采用账户制,以及以此为契机的征税体制机制优化。2020 年 12 月的中央经济工作会议着重强调养老金第三支柱的"规范发展",这里的"规范"包含两方面含义:一方面,第三支柱养老金实施制度的规范性,即建立账户制的个人养老金计划;另一方面,养老金融产品的规范性,一些名不副实的产品将被剔除。2021 年 2 月 26 日,人社部在国务院新闻发布会上进一步明确,建立"账户制、国家财政税收支持、资金市场化投资运营的个人养老金制度",规范发展第三支柱养老保险。

最后,商业养老产品的多样化和试点工作。2020 年 10 月,原中国银保监会主席郭树清在 2020 年金融街论坛年会上就发展第三支柱养老保障提出"两条腿"走路的总方针,除了正本清源,还要开展业务创新,大力发展包括养老储蓄存款、养老理财和基金、专属养老保险、商业养老金等形态的专业养老产品。同年12月的国务院政策例行吹风会上,原中国银保监会副主席黄洪就下一步如何推进商业养老保险的发展表明态度,并提出即将推出养老金积累和领取服务更加灵活的专属商业养老保险试点,加大养老保险产品创新,丰富养老金融产品市场。2021年5月,《关于开展专属商业养老保险试点的通知》发布,专属商业养老保险试点工作最终落地。

## 三、监管制度层面加快构建

### (一)健全养老保险业务依法合规经营

经过长期的准备和各方面的充分研讨,原中国保监会于2007年11月2日发布《保险公司养老保险业务管理办法》(以下简称《办法》),这标志着养老保险作为保险业重要的业务领域有了专门的部门规章,对于规范养老保险市场秩序、发展商业养老保险业务具有重要的意义。2010年12月3日,原中国保监会对《办法》进行修正,以促进养老保险真正实现养老保障的功能和目标。

第一,《办法》将养老保险业务分为个人养老年金保险业务、团体养老年金保险业务和企业年金管理业务三类,明确提出团体养老年金保险权益归属的概念,保护个人权益。要求在合同中应当明确投保人和被保险人各自缴费部分的权益归属,被保险人缴费部分的权益应当完全归属其本人;被保险人离职时,有权申请提取该被保险人的全部或者部分已归属权益。团体养老年金保险合同设置公共账户的,被保险人缴费部分的权益不得计入公共账户。

第二,控制投资选择的风险,确保养老保险资金的安全性同时兼顾收益。对于投保人或受益人具有投资选择权的养老保险产品,在合同约定开始领取的前 5 年内,保险公司不得向其推荐高风险投资组合。若个人自愿并坚持选择高风险投资组合,保险公司应向其书面提示投资风险,投保人或受益人须在高风险投资组合提示书上签字确认。

第三,实行保险金分期给付,体现养老的属性和用途。《办法》规定个人养老年金保险和团体养老年金保险业务在领取时,被保险人可以选择由保险公司分期给付生存保险金,实行年金化领取。[①] 与此同时,鼓励保险公司开发含有终身年金领取方式的个人养老年金保险产品,即生命年金(终身年金保险)。

第四,防止保险公司误导消费者,强化信息披露。鉴于养老年金保险较强的投资属性,为了防止保险公司误导消费者,《办法》要求保险公司应当确保养老年金保险产品的说明书、建议书和宣传单等信息披露材料与保险合同一致,不得通过夸大或者变相夸大保险合同利益、承诺高于保险条款规定的保底利率等方式误导投保人。同时加强对此类产品销售人员和管理人员的培训与管理,提高其职业道德和业务素质,不得唆使、误导养老保险业务的销售人员和管理人员进行违背诚信义务的活动。保险公司销售投保人或受益人具有投资选择权的养老年金保险产品的,应当在投保人选择投资方式前,以书面形式向投保人明确提示投资风险,由投保人签字确认。保险公司销售团体养老年金保险的,应当向每个被保险人签发保险凭证。保险公司销售分红型、万能型、投资连结型养老年金保险产品的,应当

① 年金化领取,是指在被保险人达到约定年龄后的固定年限内或终身,由保险公司按照约定的时间间隔(通常不超过一年)定期向被保险人支付一定金额养老金的方式。而养老年金保险是基于剩余寿命的不确定性设计的,目的是用于保障被保险人寿命较长而没有持续收入(长寿风险)的保险。

按照监管的要求向投保人、被保险人或者受益人寄送保单状态报告、业绩报告等有关材料。[①]

## (二)规范税延型养老险业务经营行为

随着税延型养老险试点的落地,此类商业养老保险的经营行为亟须规范。2018年5月16日,原中国银保监会公布《个人税收递延型商业养老保险业务管理暂行办法》(以下简称《暂行办法》),从经营要求、产品管理、销售管理、投资管理、财务管理等方面对保险公司开展税延型养老险业务提出较高要求。

业务经营方面,保险公司的资本实力、偿付能力、精算能力和投资能力需要满足更高要求。《暂行办法》规定,开展税延型养老险业务的保险公司注册资本金和净资产均不低于人民币15亿元;上一年度末和最近季度末的综合偿付能力充足率不低于150%、核心偿付能力充足率不低于100%,仅经营受托型业务的养老保险公司除外。

产品管理方面,税延型养老险采用审批制,相关产品必须获得保险监管机构的批准才能上市销售。《暂行办法》要求税延型养老险产品秉承"收益稳健、长期锁定、终身领取、精算平衡"的设计原则,将产品分为积累期和领取期两个阶段。其中,积累期养老资金的收益可以设定为收益确定型、收益保底型、收益浮动型,以满足不同风险偏好投保人的实际需求。

产品销售方面,《暂行办法》鼓励保险公司运用现代科技手段,通过移动终端等互联网模式销售税延型养老险产品,并简化投保流程。

---

① 参见《加强个人权益保护　真正实现养老保险的养老保障功能》,载中央政府门户网,http://www.gov.cn/zwhd/2007-11/13/content_803923.htm。

在销售的过程中,无论采用何种销售方式,均不得误导公众、夸大投资收益,更不能强制搭售其他商业保险产品。

投资和财务管理方面,保险公司要对税延型养老险业务的财务独立核算,据实列支和分摊经营管理费用,切实提高费用管理水平。不仅如此,不同类型的税延型养老险产品也要分别设立单独的投资账户,在资产隔离、资产配置、投资管理、估值核算等环节,独立于保险公司自有资金和其他商业保险产品,确保资金安全稳健运作。

### (三)明确养老保险资金的运用和管理

投资管理能力和风险管理能力是养老资金安全稳健运作和长期保值增值的重要前提和根本保证。2018 年 6 月 22 日,原中国银保监会出台《个人税收递延型商业养老资金运用管理暂行办法》(以下简称《资金运用管理暂行办法》),对税延型养老险的资金运用提出专门要求。相关内容本书第三编将进行详细论述。

# 第六章　我国商业养老保险法律制度完善的影响因素

健全的法律制度是确保国家重大发展战略规划有效实施的保障。随着我国社会“老龄化”程度不断加深,健全多层次社会保障体系、规范发展多支柱养老保障路径,是当前我国社会经济发展面临的重大课题。在我国“三支柱”养老保障体系中,第三支柱养老保险发挥着重要作用,也是下一阶段多层次社会保障体系建设的重点领域。2020 年 12 月 16 日至 18 日,中央经济工作会议在北京召开,习近平总书记作出部署,“规范发展第三支柱养老保险”成为今后一段时期内社会经济建设的核心任务。作为国家养老保障体系第三支柱的核心组成部分,商业养老保险的发展对于推动整个第三支柱养老保险具有重要意义,完善相关法律制度是当前面临的迫切任务。

整体上看,我国的商业养老保险法律制度经历了数十年的发展,但在科学性、健全性、适用性等方面还需要进一步完善。

## 第一节　需进一步明晰商业养老保险属性界定及其特征

### 一、商业养老保险应当体现养老属性

商业养老保险产品能够真正体现出养老属性,是当前商业养老

保险规范发展的核心方向，相关政策文件与监管制度一直强调第三支柱的发展应聚焦于真正具备养老属性的金融产品，按照“名实相符”的原则，对各类不符合标准却带有“养老”字样的短期金融产品坚决予以清理。[①] 但是，对于养老金融产品的养老属性的标准，目前仍在探索中。2021 年 9 月，原中国银保监会先后就规范商业养老金融业务发展与规范养老保险机构发展向主要机构征求意见。目前的意见中，对于商业养老金融业务的养老属性，大多数机构认为应包括如下特征：一是商业养老金融产品存续期限与客户达到退休状态挂钩，保障客户在退休之后领取养老金；二是通过符合条件的账户锁定养老资金，长期积累至客户达到退休状态；三是具备银保监会规定的其他体现长期性、有利于养老金积累的产品期限等条件。上述关于养老金融产品的养老属性特征，尚处于行业征求意见阶段，并且商业养老保险是否还须具备符合自身特点、区别于其他金融产品的“养老属性”，仍是下一阶段第三支柱养老金制度建设的重点。

## 二、商业养老保险应当体现保险属性

商业养老保险应具备养老属性，同时也应体现出保险属性，这是作为保险这种特殊金融产品的必然要求。这里的保险属性，是指商业保险产品的自身特征，以区别于一般的社会保险。具体来说，保险属性应包括如下两方面特征。

一是保险特征。商业养老保险本质上是一种保险合同关系，从法学视角上看是一种独立的商事合同行为，遵循保险合同结构下各

---

① 参见国务院新闻办公室于 2020 年 11 月 6 日召开的政策例行吹风会上，原中国银保监会梁涛副主席发言摘录。

项组成要件，具备投保人、被保险人和受益人等相关当事人主体和保险利益、保险标的等核心要素。

二是商业特征。商业养老保险遵循市场化运作方式，采用商业保险合同的形式，由具有经营资质的商业保险机构负责承保、理赔、资金运用等整个经营运作过程，由个人主体自愿选择投保、退保。这不同于作为养老保障"第一支柱"的社会保险以及具有一定公共属性的政策性保险，如大病保险、农业保险等。

从当前商业养老保险的发展情况看，其属性特征缺乏明确界定是较为突出的问题。一方面，根据《保险公司养老保险业务管理办法》《人身保险公司保险条款和保险费率管理办法》等相关监管规定，养老保险即养老年金保险须满足"以提供养老保障为目的""保险合同约定给付被保险人生存保险金的年龄不得小于国家规定的退休年龄""相邻两次给付的时间间隔不得超过一年"等条件，但市场上存在的大量商业养老保险产品并未严格遵循相关要求，监管制度层面也未进一步对商业养老保险的养老属性特征作出规定。另一方面，如前所述，实务界和理论界均普遍存在将第三支柱养老金与养老保险混淆使用的情况，而广义上的第三支柱养老保险并不限于保险公司经营的商业养老保险，还包括商业银行经营的养老储蓄和养老理财、基金公司经营的养老基金，以及保险公司经营的非契约型的个人养老金产品等。同时，无论是传统意义上的养老年金保险，还是当前试点的专属商业养老保险，从参与社会保障体系建设的角度，均带有一定的政策性，但并不改变其由商业保险公司经营的保险合同关系本质。因此，作为第三支柱中核心组成部分的商业养老保险，应明晰与其他养老金融产品之间的差异，即突出"保险特征"和"商业特征"，而无论在实践中还是理论上，商业养老保险的相关属性特征均没有得到充分的体现。

## 第二节　需进一步明确商业养老保险产品范围

我国现行《保险法》及保险业相关法律法规和监管制度中,并没有针对养老保险或商业养老保险的构成要件和范围作出规定。目前,关于商业养老保险的规定,大量散落于各类政策、部门规章或行业规范性文件中,规定之间未形成有效衔接,造成实务中的“商业养老保险”呈现出多种不同的产品形态,个别情况下甚至有“挂羊头卖狗肉”的嫌疑,有必要对其产品范围作出进一步明确。

### 一、明确商业养老保险在人身保险中的分类界定

《保险法》第95条规定,“人身保险业务,包括人寿保险、健康保险、意外伤害保险等保险业务”,其中并未涉及任何关于养老保险的界定。养老保险保障被保险人的生活,重点是被保险人退休后的晚年生活,依据《保险法》理解,养老保险应纳入人身保险中人寿保险的范畴。但是,原中国保监会颁布的《人身保险公司保险条款和保险费率管理办法》(以下简称《人身保险条款费率管理办法》)第7条规定:“人身保险分为人寿保险、年金保险、健康保险、意外伤害保险。”该条规定与《保险法》不同,在人身保险的分类上增加了年金保险,使年金保险成为与人寿保险并列的人身保险类型。同时,《人身保险条款费率管理办法》第8条、第9条对人寿保险和年金保险作了进一步规定:“人寿保险分为定期寿险、终身寿险、两全保险等。定期寿险是指以被保险人死亡为给付保险金条件,且保险期间为固定年限的人

寿保险。终身寿险是指以被保险人死亡为给付保险金条件，且保险期间为终身的人寿保险。两全保险是指既包含以被保险人死亡为给付保险金条件，又包含以被保险人生存为给付保险金条件的人寿保险。”“年金保险是指以被保险人生存为给付保险金条件，并按约定的时间间隔分期给付生存保险金的人身保险。”基于前述理解，养老保险的给付行为发生在被保险人生存期间，养老保险在分类界定上应涉及人身保险中的两全保险和年金保险。

虽然《人身保险条款费率管理办法》中并没有明确规定“养老保险”，但第10条对“养老年金保险”进行了界定：“养老年金保险是指以养老保障为目的的年金保险。养老年金保险应当符合下列条件：(一)保险合同约定给付被保险人生存保险金的年龄不得小于国家规定的退休年龄；(二)相邻两次给付的时间间隔不得超过一年。”从该规定看，实质上应将“养老年金保险”认定为“养老保险”。但由于《保险法》与《人身保险条款费率管理办法》存在冲突，“养老年金保险”的表述又会造成“养老保险不限于年金型保险”的理解，使得养老保险在人身保险分类中的界定较为混乱，客观上导致了保险行业实践中养老保险产品类型众多、缺乏统一界定的现状。因此，关于商业养老保险在人身保险中的分类，以及商业养老保险与年金养老保险之间的关系，须进一步理顺。

## 二、规范商业养老保险的产品供给

近年来，商业养老保险一直是我国保险行业的发展热点，虽然被社会各界寄予厚望，但实践中商业养老保险的产品供给一直模糊不清，在较长的一段发展时期内，各大保险机构推出的“养老保险”远远超出了前述《人身保险条款费率管理办法》所规定的“养老年金保险”的范围。2020 年 11 月 6 日,在国务院新闻办公室举行的国务院政策例行吹风会上,原中国银保监会梁涛副主席提出,应坚持正本清源原则,研究明确养老金融产品的标准,按照“名实相符”的原则,对不符合标准的各类带有“养老”字样的短期金融产品坚决予以清理。在行业监管机构的引导下,2021 年开始,大量带有养老保险或养老字样的保险产品,尤其是短期保险产品停止销售。

从国内保险市场十余年的发展情况看,推出的商业养老保险产品主要包括如下类型:①

一是定额给付型年金养老保险。定额给付型的年金保险产品,是指投保人一次性或分期缴纳保险费,按照保险合同约定达到一定条件后分期领取保险金,直到保险合同期间届满时止。定额给付型年金保险产品的最大特征是,被保险人未来每期可领取的保险金额度在投保时就已确定,体现了年金保险的储蓄功能。当定额给付型年金保险产品满足《人身保险条款费率管理办法》所规定的条件时,包括被保险人只有在达到国家退休年龄之后才可以领取保险金、保险金领取时间间隔不超过一年等,就构成定额给付型年金养老保险。在较长一段时期内,定额给付型年金养老保险是我国个人商业养老保险的主要产品类型,但随着金融市场不断发展,各类理财型金融产品层出不穷,收益率水平相对较低的定额给付型年金养老保险产品在市场中的占比逐步下降,分红型或万能型年金保险更容易被投保人所接受。

---

① 由于两全保险是在同一保险产品中包括了以被保险人死亡为给付条件的保险责任和以被保险人生存为给付条件的保险责任,其中以被保险人生存为给付条件的保险责任与年金保险的保险责任在性质上是相同的。因此,在讨论养老保险的产品类型时,将以年金保险作为基础,不再重复介绍两全保险中的生存保障部分。而实际上,符合养老保险特征的年金保险产品,均可以体现在两全保险产品中。

二是分红型年金保险。根据原中国保监会《分红保险精算规定》,分红保险是指保险公司将其实际经营成果产生的盈余,按一定比例向保单持有人进行分配的人身保险产品。依据分红保险原理设计的年金保险,即为分红型年金保险。与定额给付型年金保险不同,分红型年金保险中被保险人定期领取的生存保险金在投保时是不确定的,在保险期间内,保险公司会将其实际经营成果优于定价假设的盈余,按一定比例向保单持有人进行分配。当保险公司实际经营情况较好时,被保险人领取到的生存保险金会明显高于定额给付型年金保险确定的领取金额。而根据原中国保监会《分红保险精算规定》,保险公司为各分红保险账户确定每一年度的可分配盈余时,分配给保单持有人的比例不低于可分配盈余的70%。正因为分红型年金保险具有更大的灵活性,且大多数情况下保险金给付情况好于定额给付型年金保险,其正逐步成为个人商业养老保险市场上最主要的产品类型。但须说明的是,在较长一段时间内,我国保险市场上大量“养老”名义的分红型年金保险,并非均为年金养老保险,一部分保险产品并没有遵循被保险人在达到国家退休年龄之后才可以领取保险金等要件,该种情况在万能型年金保险中同样存在。

三是万能型年金保险。万能保险是一种包含投资和保障两大功能的人身保险产品类型,投保人将保费交到保险公司后会分别进入两个账户,一部分进入风险保障账户用于保障,另一部分进入投资账户用于投资。其中,保障额度和投资额度的设置主动权在投保人手中,可根据不同时期的需求进行调节,投资账户的资金由保险公司代为投资,投资利益上不封顶,下设最低保障利率。在实践中,一部分商业养老保险采用万能型年金保险的形式。由于万能保险设置了投资账户,投保人的相当一部分保费会转入投资账户中运作并转化为被保险人的收益,故相比分红保险在提升收益率上更为直接。但是,由于万能保险区分保障账户与投资账户的做法,实质上使得相同的保险费进入保障账户的保险费降低,故一定程度上削弱了年金保险本身保障功能。

四是投资连结型年金保险。在个人商业养老保险市场上,一部分产品采用了投资连结保险的形式,即投资连结型年金保险。投资连结保险,简称投连险,是一种集保险与投资功能于一体的人身保险产品类型。与万能保险一致,投资连结保险也分别设立保障账户与投资账户,保险公司可以根据保险合同约定将部分或全部保险费计入投资账户,用于投资公开交易的证券等各类投资品种,将投资红利分配给被保险人(投资连结保险中的被保险人常常被称为“投资者”)。在投资连结型年金保险中,保障功能账户按照年金保险的原理设计。由于投资账户在投资连结保险中的占比较大,甚至多数情况下保险费不计入保障账户,投资连结保险的资金变动风险即投资风险均由被保险人承担,当投资风险较大时,被保险人领取的保险金可能会低于其所缴纳的保险费。同时,商业养老保险市场上还存在一种产品类型——变额年金保险,是指保单利益与连结的投资账户投资单位价格相关联,同时按照合同约定具有最低保单利益保证的人身保险产品类型。在变额年金保险中,保险公司把收取的保险费计入投资账户,主要投资于公开交易的证券,且将投资红利分配给被保险人,由被保险人承担投资风险。变额年金保险约定年金给付保险责任,或提供满期保险金转换为年金的选择权,保险公司承担死亡率和费用率的变动风险。对被保险人来说,购买这种保险产品,一方面可以获得年金保险的保障功能;另一方面可以以承担高风险为代价得到高保额的返还金。根据原中国保监会《变额年金保险管理暂行办法》第4条的规定，“变额年金保险的费用结构与上限，参照《投资连结保险精算规定》执行”。可见，从性质上看，变额年金保险与投资连结型年金保险是一致的。

五是个人税收递延型商业养老保险。2018年4月2日，财政部、税务总局、人社部、原中国银保监会、中国证监会联合发布《关于开展个人税收递延型商业养老保险试点的通知》，明确自2018年5月1日起，在上海市、福建省（含厦门市）和苏州工业园区实施个人税收递延型商业养老保险试点。该项试点的核心在于被保险人可以享受到税收优惠，具体为：对试点地区个人通过个人商业养老资金账户购买符合规定的商业养老保险产品的支出，允许在一定标准内税前扣除；计入个人商业养老资金账户的投资收益，暂不征收个人所得税，个人领取商业养老金时再征收个人所得税。2018年4月25日，原中国银保监会、财政部、人社部、国家税务总局又联合印发《个人税收递延型商业养老保险产品开发指引》，进一步规范了个人税收递延型商业养老保险在参保人、保险期间、交费方式、交费期间、累积期和领取期收益类型、保险责任、领取方式、费用收取等方面的具体运营要求。值得注意的是，在《个人税收递延型商业养老保险产品开发指引》中，对于养老年金的名词释义，明确沿用了《人身保险条款费率管理办法》关于养老年金保险的解释，即个人税收递延型商业养老保险在产品分类上属于养老年金保险。虽然具有明确的税收优惠措施，但受制于探索阶段的种种限制，经过3年多的试点，个人税收递延型商业养老保险在市场规模、社会接受度等方面并没有取得显著效果，与当前我国养老保险第三支柱建设的迫切需要仍然存在较大差距。

六是互联网相关的各类养老保险产品。随着互联网生态的普及与发展，互联网保险成为国内保险市场的发展热点，大量互联网保险产品层出不穷，很多在宣传材料或产品名称上使用了“养老”相关的表述。如国华人寿与支付宝钱包联手推出的“互联网 + 养老”保险，通过支付宝账户购买养老年金保险产品。在该款产品中，客户可以选择连续交费10年或15年，投保10天后即可领到第一笔养老金，每月定时定额打款至支付宝账户，可以终身领取养老年金，随用随取。各类具有互联网基因的养老保险产品，虽然在销售渠道、宣传内容、缴费方式等方面创新较大，吸引了社会关注，但本质上其产品类型仍未突破前述保险产品范围。此外，基于互联网渠道的特点，互联网养老保险产品中也出现了很多借“养老”之名，行“理财”“投资”之实的非养老年金保险，一定程度上误导了保险消费者。

七是养老保险公司提供的养老保障管理产品。根据原中国保监会颁布的《养老保障管理业务管理办法》，养老保障管理业务是针对养老保险公司设计的一项特殊业务类型，由养老保险公司作为管理人，接受政府机关、企事业单位及其他社会组织等团体委托人和个人委托人的委托，提供养老保障以及与养老保障相关的资金管理服务，包括方案设计、受托管理、账户管理、投资管理、待遇支付、薪酬递延、福利计划、留才激励等服务事项。与保险业务不同，养老保障业务中并无投保人、被保险人等主体，养老保险公司提供资金管理服务，并非风险保障服务，不得对养老保障管理基金的投资收益承担任何形式的保证责任。同时，养老保障管理业务的资金并非由保险公司“持有”，而是实行资金托管机制，由第三方托管银行负责资金账户管理。在性质上，养老保障管理业务具有典型的信托法律关系特点。养老保障管理产品分为团体养老保障管理产品和个人养老保障管理产品。其中，团体养老保障管理产品包括为单一团体委托人办理的单一型养老保障管理业务和为多个团体委托人办理的集合型养老保障管理业务，在法律结构上与企业年金业务较为类似，但并没有突出受益人在退休后才可以领取资金的要求。个人养老保障管理产品则更类似于基金或者理财，投资者可以根据业务合同定期或者随时赎回所购买的产品，取得本金和相应的收益回报。

除了上述商业养老保险产品类型外，国内还推出了“以房养老”等以房屋居住权换养老保障服务的保险产品，或者以投保养老保险作为入驻保险公司旗下养老住宅、养老公寓的条件。如原中国保监会于 2014 年颁布的《关于开展老年人住房反向抵押养老保险试点的指导意见》，规定反向抵押养老保险是一种将住房抵押与终身养老年金保险相结合的创新型商业养老保险业务，即拥有房屋完全产权的老年人，将其房产抵押给保险公司，继续拥有房屋占有、使用、收益和经抵押权人同意的处分权，并按照约定条件领取养老金直至身故；老年人身故后，保险公司获得抵押房产处分权，处分所得将优先用于偿付养老保险相关费用。保险机构推出的此类业务，更多是养老产业服务与保险产品的结合，但从近年来的运行情况看，市场接受程度相对较低。

总结归纳上述情况，目前我国商业养老保险在产品供给上可以考虑从如下三个方面加以完善：

其一，真正符合养老年金保险属性的产品供给相对单一，大量商业养老保险产品存在“借道”问题，需要正本清源，真正满足养老保障需求。一方面，真正符合属性条件的商业养老保险在设计上相对陈旧，呈现保费高、时间久、不灵活等特征，投保人存在养老保障需求时，可以选择的商业养老保险范围较小，很多情况下会被非养老属性的保险产品所误导；另一方面，税延型养老险等产品试点效果不佳，在产品设计、享受税收优惠的便捷程度等方面缺乏针对性安排，无法与投保人的基本养老金、企业年金等积累的资金实现有效对接，对于投保人的吸引力较弱。

其二，保险销售人员专业化水平须进一步提升，大量销售误导行为反向限制了真正的养老保障需求。保险具有较强的专业性，涉及保障范围、免责事项、现金价值演示、犹豫期权利、费用扣除、退保损失等一系列专业问题需要向投保人解释；同时，相较其他人身保险产品，商业养老保险产品具有保险期间长、着眼于晚年生活保障等特点，在收益率方面并无显著优势。实践中，保险销售人员更多从业务量角度考虑，存在大量的销售误导行为，一定程度上限制了投保人选择商业养老保险的积极性和信任感；受到收益率等因素制约，当投保人在咨询养老保险产品涉及相关问题时，保险销售人员往往宣传一些“借养老之名、行投资之实”的其他保险产品，客观上造成真正的商业养老保险无法达到预期销售规模。因此，提升保险销售人员的专业化水平，是促进商业养老保险在产品供给与销售上更加规范的基础。

其三，商业养老保险承担一定的社会治理职能，行业引导的规范和有效监管的力度尚需进一步投入。行业监管部门一直鼓励并推动保险公司积极开发商业养老保险产品，创新经营模式，但在缺乏明确理论支撑与法律法规依据的情况下，其对于商业养老保险发展的支持力度和规范效果较为有限，造成在一定时期内大量不具有养老属性的保险产品以养老名义推销的后果。近年来，在发展第三支柱养老保险已经成为一项重要的国家战略部署的背景下，商业养老保险的行业支持与监管力度不断提升，如专属商业养老保险产品试点已经开展，由多家龙头人身保险公司具体实施。

## 第三节　需进一步规范商业养老保险经营模式

### 一、商业养老保险是专属经营还是融合发展

2021 年 5 月，原中国银保监会印发《关于开展专属商业养老保险试点的通知》，决定在浙江省和重庆市开展专属商业养老保险试点，试点期限暂定为一年，参与试点的主体包括中国人民人寿保险股份有限公司、中国人寿保险股份有限公司、太平人寿保险有限公司、中国太平洋人寿保险股份有限公司、泰康人寿保险有限责任公司、新华人寿保险股份有限公司 6 家大型保险机构。从试点内容上看，此次专属商业养老保险突出如下养老属性：一是消费者达到 60 周岁及以上方可领取养老金，且领取期限不短于 10 年；二是产品采取账户式管理，账户价值计算和费用收取公开透明；三是适应新产业、新业态从业人员和各种灵活就业人员养老需求，允许相关企事业单位以适当方式，依法合规为上述人员投保提供交费支持；四是保险责任包括身故责任、年金领取责任，鼓励保险公司以适当方式提供重疾、护理、意外等其他保险责任；五是鼓励试点保险公司对于专属商业养老保险业务发展与养老、照护服务等相衔接进行积极探索，满足差异化养老需求。

从本次专属商业养老保险试点的情况看，商业养老保险的条件或者构成已经较为清晰，包括保险责任、领取条件、领取期限等，在体现养老年金保险相关要素的基础上，拓展了保险产品附加身故、重疾、护理、意外等责任的空间。同时，专属商业养老保险试点的推行，也让关于商业养老保险经营模式的讨论进一步持续。当试点成熟之

后,未来我国的商业养老保险有可能将统一采用“专属”的形式,将经营范围由试点主体拓展至整个人身保险行业。从境外经验看,税收优惠等激励手段如何在商业养老保险中得到运用,专属商业养老保险的试点方案中仍然没有形成明确的路径。在国家将启动第三支柱账户制管理的大背景下,人社部将负责居民个人养老金账户即第三支柱账户的管理,商业养老保险如何纳入个人养老金账户体系,同样是当前试点没有解决的问题。综上可见,专属商业养老保险试点的开展,一定程度上厘清了商业养老保险本身的一些理论障碍与实务操作问题,但关于商业养老保险的运营模式,仍需要相关法律制度的健全完善予以支撑。

## 二、商业养老保险与第一、二支柱的衔接

从我国养老保障体系的整体设计看,商业养老保险作为第三支柱的重要产品类型,与第一支柱社会基本养老保险、第二支柱企业年金与职业年金共同构成我国养老保障的三大层次。在不同养老保障层次的相互衔接上,第一支柱与第二支柱之间已经形成较好的承接模式。以企业职工为例,职工所在企业为其投保社会基本养老保险,具备条件的企业同时会为其职工设立企业年金,无论是社会基本养老保险还是企业年金,均是由企业作为实施主体,企业缴费部分由企业统筹支付,个人缴费部分由企业从职工薪酬中扣除。

相较之下,第三支柱与第一支柱、第二支柱的衔接问题并没有形成较为明确的认识。从商业养老保险的视角观察,一方面,商业养老保险的投保完全是投保人的个人行为,与所在企业、单位无关,甚至在极端情况下,投保人自身并无社会基本养老保险,也可以选择投保商业养老保险;另一方面,第二支柱企业年金与第三支柱商业养老保

险之间并没有必然的衔接关系,职工可以将自己的薪酬用于投保商业养老保险,企业也可作为投保人以职工为被保险人投保商业养老保险,这些操作模式均不以企业年金作为前提条件。从本质上看,国家规范发展第三支柱商业养老保险,目的在于健全社会养老保障体系,建立多层次的保障制度层次。因此,完善商业养老保险法律制度,应对商业养老保险与第一支柱、第二支柱的衔接问题进行规划、健全,尤其是商业养老保险与企业年金、职业年金之间的关系,应考虑从制度层面加以规范。

# 第七章 美国、日本的商业养老保险法律制度

商业养老保险为养老金第三支柱的重要组成部分，本质上是被保险人以强制储蓄的方式将自己的收入在整个生命周期内进行再分配，同时附加一定的资金增值效果。从域外国家和地区的发展情况看，在经济合作与发展组织（OECD）的披露数据中，美国第三支柱养老保险已经实现规模性拓展和广覆盖，在绝对规模和相对规模、覆盖率和覆盖人口等指标上均领先。日本也经历着“世界上绝无仅有”的老龄化状况，①第三支柱个人养老金计划成为日本政府应对老龄化危机的重要举措。这些国家的商业养老保险之所以发展迅速，行之有效的法律安排是不可或缺的关键因素。

## 第一节 美国商业养老保险法律制度

### 一、个人退休金计划立法概况

美国第三支柱养老保险一般是指以个人退休金计划（IRAs）为代表的个人储蓄与投资计划。这项计划产生于20世纪70年代，彼时美国正处于经济滞胀的状态，通货膨胀和节节攀升的失业率制约

① ［日］清家笃编著：《老年金融学》，殷雨涵译，中信出版社2020年版。

着人们生活水平的提升。在这种背景下,美国政府出台法律,鼓励没有被雇主发起式养老金计划(美国第二支柱养老金计划)覆盖的人群,通过建立税收递延的个人储蓄账户,同时实现退休资产积累和享有税收优惠。并允许因为工作变动或者退休的人员将第二支柱养老金计划积累的养老金资产转至IRAs账户,继续维持退休资产的保值增值。1974年,国会签署《雇员退休收入保障法案》(ERISA)对1954年《国内税收法典》(IRC)进行修正,其中增设的第408条,明确提出个人养老金账户(IRA)的概念,正式确立美国个人养老金制度。1981年,美国历史上规模最大的减税法《经济复苏税法》(ERTA)获得通过,该法案规定,70.5岁以下的纳税人无论是否拥有第二支柱养老金计划,均可开立IRAs账户,具体缴费额度因个人收入不同而异。从此,美国个人退休金计划实现了从16岁到70.5岁庞大社会人群的广泛覆盖。

IRAs建立之初,纳税人个人可享受的年度税收优惠额度相对较低。《雇员退休收入保障法案》(ERISA)仅允许没有参与第二支柱养老金计划的纳税人有权获得IRAs税前抵扣优惠,且该优惠额度为年度收入的15%,上限为1500美元。1981年的《经济复苏税法》(ERTA)将这一限额提高到2000美元,但仍然缺少对于中高收入群体的吸引力。为了完善此类人群的个人退休金计划,1997年,美国通过《纳税人减税法》(*Taxpayer Relief Act*)再次对1986年《国内税收法典》(IRC)进行修正,新增第408A款,在原有的IRAs体系中引入一种新的具有税收优惠特质的IRAs计划——Roth-IRA。该种计划在税收缴纳方面与传统的IRA计划不同,纳税人须以税后收入向IRAs账户供款,但是账户内生成的投资收益免征所得税,领取收益时也无须缴纳所得税。

早期的IRAs限于纳税人个人发起设立，是典型的第三支柱养老保险产品。雇主无须参与个人退休金计划，但可以代为设立，由个人委托符合条件的第三方金融机构进行账户管理。然而，这样安排无法适应独资企业、合伙企业以及自雇人士（Self-employed）的实际需要，于是美国在1978年修改《税收法案》（*Revenue Act*）时针对上述群体创设了简易雇员退休金计划（SEP-IRA）。1996年，国会通过《小企业就业保护法案》（*Small Business Employment Protection Act*），在SEP-IRA基础上为“雇员不超过100人的雇主”设立雇员个人退休金账户激励计划（SIMPLE-IRA）。

跨入千禧年后，美国开始为个人退休金计划“解绑”，一些限制性规定被取消或者修改。2001年，《经济增长和税收减免协调法案》（EGTRRA）获得通过，该法案从两个方面对IRAs的发展形成制度激励。一方面，分阶段逐步提高IRAs账户资金存入额度和税收优惠额度。[①] 所有IRAs账户的存入额度上限在2002年提高到3000美元，2005年提高到4000美元，2008年提高到5000美元，2015年提高到5500美元。税收优惠方面，EGTRRA根据1986年《国内税收法典》的规定增加了税前优惠额度动态调整条款，[②]即年度税前抵扣额度上限随生活成本的调整而变化[③]；对于50岁及以上的年长者群体还额外享有1000美元的年度税前抵扣额度。另一方面，放宽IRAs以外

---

① 单个纳税人可以开立多个IRAs账户，但是IRAs账户和Roth-IRAs账户须共用资金存入额度和税收优惠额度。

② See 26 U. S. Code § 219 – Retirement savings, (b) (5) (c), Cost-of-living adjustment.

③ 根据美国联邦税务局（IRS）的说明，2019年到2021年最新的年度供款限额，即年度税前抵扣额度上限为6000美元。参见IRS官网，https://www.irs.gov/retirement-plans/plan-participant-employee/retirement-topics-ira-contribution-limits。

的养老金账户与 IRAs 账户之间互转资金的限制，不同养老金账户的资金流转更加通畅。

得益于 IRAs 法律制度和美国养老资本市场的联合发力，美国目前已经形成包含普通 IRA、SEP-IRA、SIMPLE-IRA、SAR-SEP IRA、Roth-IRA 在内种类繁多、规模庞大的 IRAs 体系。2019 年 OECD 的数据显示，美国第三支柱养老保险的规模已达 13.83 万亿美元之巨，远高于位列第二名加拿大的 1 万亿美元，GDP 占比高达 64.53%，覆盖率超过 20%，覆盖人口超过 3400 万人。[①] 在 IRAs 体系内部，截至 2020 年，传统型 IRAs 的资产规模约为 10.29 万亿美元，占整个 IRAs 的份额比例接近 85%；Roth-IRA 的资产规模约为 1.21 万亿美元，占比超过 9%。[②] 尽管最近几年 Roth-IRA 所占份额不断上升，但是传统型 IRAs 仍然是美国个人退休金计划最重要的组成部分。

## 二、个人退休金计划的设计规则

### （一）治理模式

美国养老金第三支柱经过近半个世纪的发展已经在制度层面形成三大驱动因素，分别是强有力的税收优惠、良好的滚存机制和成熟的市场化投资管理，而这三大驱动力因素的融合发力无一不是以养老金的账户模式为基础。

1986 年《国内税收法典》（IRC）第 408 条规定，美国个人退休金

---

① 参见《兴业证券研究报告：养老金第三支柱的国际比较研究》，载兴业证券网，https://dfscdn.dfcfw.com/download/A2_cms_f_20210511121740273870&direct=1&abc6577.pdf，2021 年 1 月 20 日，第 30 页。

② Release：Quarterly Retirement Market Data（First Quarter 2021），载 ICI 官网，https://www.ici.org/statistical-report/ret_21_q1。

计划并存着两种治理模式:账户模式(Individual Retirement Account)和保险产品模式(Individual Retirement Annuity)。这两种模式都可以享受美国法上的税收优惠,具有长期储蓄理财功能,并在很大程度上确保个人在退休或者达到法定年龄后,可以获得一笔终身的现金流收入,补充养老财务准备的不足。

个人养老金的账户模式,是指完全为个人或受益人的利益在美国境内创建或组织的信托或者托管账户(custodial account),创建该账户的书面文件必须满足以下特定条件:①(1)个人须以现金方式向账户缴费,转存供款(a rollover contribution)除外;(2)向账户缴费原则上不得超过税前扣除额的上限,但是转存供款和雇主为个人账户缴费的 SEP-IRA 除外;(3)受托人或托管人由银行或其他合格机构②担任;(4)账户内的资金不得用于购买人寿保险;(5)任何组织或个人不得非法剥夺(nonforfeitable)个人账户和账户内的资金;(6)除共同信托基金或共同投资基金外,账户内的资产禁止与其他财产混同。

个人养老金的保险产品模式指的是由人寿保险公司签发的具备以下条件的年金保险合同(annuity contract)或者养老保险合同(endowment contract)。③ (1)保单所有人(owner)不得转让保险合同。(2)在保险合同项下:保费是不固定的(flexible premiums),④年交保费随着应税收入的变化而变化;每年缴纳的保费不得超过 IRA

---

① 参见美国联邦税务局(IRS)官网,https://www.irs.gov/publications/p590a#en_US_2020_publink1000230648。

② 其他合格机构包括 a federally insured credit union, a savings and loan association, or an entity approved by the IRS to act as trustee or custodian。

③ 参见美国联邦税务局(IRS)官网,https://www.irs.gov/publications/p590a#en_US_2020_publink1000230648。

④ 适用于 1978 年 11 月 6 日以后签订的养老保险合同。

账户的年度税前抵扣限额(the deductible amount);保单所有人可以在下一自然年度开始前用当年返还的生存金(refunded premiums)缴纳下期保费。(3)保单所有人的合法权益(entire interest)不得非法剥夺。(4)投保人的年龄应在72岁以下。[①] 现阶段,在美国家庭和个人退休收入年金保险市场上,年金保险产品主要有以下四类。[②] 第一类是最常见、最基础的固定收益年金(Fixed Annuity),即储蓄年金,投保人可以享有高于银行定期存款利率的固定收益率,但是不参与投资标的的选择。多年保证收益年金(MYGA Annuity)是固定收益年金的一种衍生产品,用来解决固定收益年金的利率随着美联储基准利率的调整上下浮动的问题。第二类是证券收益型年金(Variable Annuity),投保人可以在年金账户内自主选择证券进行投资并自行承担风险,收益随市场浮动,不保证本金。第三类是指数收益型年金(Fixed Indexed Annuity),投保人的投资收益与股票市场的指数表现挂钩,收益有封顶,风险和成本有限度,具有一定“保本”功能。第四类是专门为退休人员设立的年金产品——期年金(Immediate Annuity),投保人只需向保险公司开立的即期年金账户存入一笔资金,这笔资金来源不限,可以为现金存款、401(k)、403(b)、IRAs、人寿保险,此后便可以按照保险合同的约定定期领取退休金直至生命的终结。

多年来,两种个人养老金的管理模式一直平行发展,但就规模而言,保险产品模式的IRAs在全部IRAs资产中的占比偏低,2021年第

---

① See 26 U. S. Code § 408(b).

② American Life Insurance Guide Network, https://thelifetank.com/annuity-income-pro-con.

一季度的数据约为 4% ,[①]余下的 IRAs 均采用账户模式。由此,不少研究认为,美国系以个人养老金账户为载体,实现个人养老资产积累,并将 IRAs 的运作方式简单归于账户制。

### (二)税收优惠政策

美国个人退休金计划是纳税人个人自愿参与并享受联邦政府税收优惠的补充养老计划。自 1974 年《雇员退休收入保障法案》确立该项制度以来,IRAs 的快速发展始终没有离开税收优惠政策的引导和支持。为了满足不同纳税人群的需求,鼓励不同个体增加养老财务准备,美国设立了形式多样的 IRAs 计划,在缴费环节、投资环节和领取环节分别设置不同的税收减免和抵扣规则。

1. IRAs 的税收优惠模式

IRAs 有两种税收优惠模式,分别为 EET 模式和 TEE 模式。[②] 传统型 IRAs[③] 适用 EET 模式的税收递延优惠。纳税人在缴费环节享有税收优惠,个人在其年度缴费额度内向 IRAs 账户存入的资金可以在当年应税收入计算时获得全部或部分税前扣除;账户内资产的增值部分(gains)无须缴纳证券投资收益税,待纳税人个人退休或者达到法定年龄从账户领取资金时,才按照初始收入进行纳税申报、缴纳所得税。Roth-IRA 适用缴费当期缴税的 TEE 模式。纳税人在缴费环节不享受税收优惠,须以税后收入向 Roth-IRA 账户供款,但是存

---

① Release: Quarterly Retirement Market Data (First Quarter 2021), 载 ICI 官网, https://www.ici.org/statistical-report/ret_21_q1。

② E,Exempted,免税。T,Tax,征税。

③ 传统型 IRAs 指的是除 Roth-IRA 和 SIMPLE IRA 以外的所有 IRAs,包括年金保险合同(annuity contract)或养老保险合同(endowment contract)。参见美国联邦税务局(IRS)官网,https://www.irs.gov/publications/p590a#en_US_2020_publink1000230955。

入资金的投资收益可以免税;个人按照规定(达到一定年龄且开户一定年限以上)从账户提取资金时也享有免税待遇。两相对比,采用TEE 模式的 Roth-IRA 更加受到缴纳当期所得税能力更强的中高收入纳税人的青睐。

2. IRAs 的账户创建条件

传统型 IRAs 的账户创建不以个人是否参与其他退休金计划为前提条件,但是个人或其配偶须有应税收入(taxable compensation),且要满足特定年龄要求。在 2020 年以前,传统型 IRAs 的账户创建有较为明确的年龄限制,70.5 岁及以上的年长者被禁止开设 IRAs 账户并直接向账户存入资金(转存供款除外)。但是自 2020 年 1 月 1 日起,这一限制被打破,创建传统型 IRAs 账户进行定期缴费不再设置年龄要求,账户所有者可以终身缴费,以便扩充自己的养老储蓄。①

Roth-IRA 因为主要面向中高收入群体,所以其账户创建条件与个人的纳税申报状态和收入水平相挂钩,与纳税人的年龄无关。第一种情况是已婚夫妻合并申报(married filing jointly)或者丧偶者,调整后总收入(modified adjusted gross income,Modified ACI)少于 20.6 万美元。第二种情况是单身人士、户主或者已婚夫妻(分居)分别申报,调整后总收入少于 13.9 万美元。第三种情况是已婚夫妻(纳税年度内没有分居)各自申报,调整后总收入少于 1 万美元。②

3. IRAs 的供款规定(IRA Contribution Limits)

原则上,按照规定限额存入 IRAs 账户的资金③可以全部享受税

---

① 参见美国联邦税务局(IRS)官网,https://www.irs.gov/retirement-plans/plan-participant-employee/retirement-topics-ira-contribution-limits。

② 参见美国联邦税务局(IRS)官网,https://www.irs.gov/publications/p590a#en_US_2020_publink1000230955。

③ 资金(money)的形式可以是现金、支票和汇票(money order),但不能为财产。

前抵扣优惠。对于传统型IRAs账户,2021年的最新要求是:50岁以下(不含)的账户所有者年度供款上限为6000美元;超过50岁的账户所有者的限额为7000美元;①如果当期应税收入低于上述规定的,以当期应税收入作为资金存入限额。② 对于Roth-IRA账户,除了满足前述缴费限额要求外,账户的存入资金将因为账户所有者的纳税申报状态③和收入水平④的不同而呈现类型的差异。⑤ 需要注意的是,上述供款额度是IRAs账户存入资金的最大限额,换言之,无论纳税人个人选择对一个IRA账户缴费,还是向多个IRA账户缴费,均不得超过该限制性规定。这一要求同样构成对年金保险合同的投保人缴纳年度保费的约束。

在某些特定的情形下,纳税人个人存入传统型IRAs账户的资金所能获得税前抵扣的数额可能会受到不同程度限制(IRA deduction limits),⑥这取决于账户所有者是否参与雇主发起式养老金计划(美国第二支柱养老金计划)、纳税申报状态,以及调整后总收入

① 如果传统型IRAs账户的所有者系预备役人员(a member of a reserve component)且于2001年9月11日之后服役,其向IRA账户的缴费(repayment contributions)数额以合格预备役人员的支取额度为限(can't be more than your qualified reservist distributions),由此,可能导致账户的年度供款总额超过传统型IRAs账户的一般要求。参见美国联邦税务局(IRS)官网,https://www.irs.gov/publications/p590a#en_US_2020_publink1000230648。

② 参见美国联邦税务局(IRS)官网,https://www.irs.gov/retirement-plans/plan-participant-employee/retirement-topics-ira-contribution-limits。

③ 有几种申报类型,分别是已婚夫妻合并申报(married filing jointly)或者丧偶者;已婚夫妻(纳税年度内没有分居)各自申报;单身人士、户主或者已婚夫妻(分居)分别申报。

④ 调整后总收入(Modified AGI)的水平影响Roth-IRA账户的缴费额度。

⑤ 参见美国联邦税务局(IRS)官网,https://www.irs.gov/retirement-plans/amount-of-roth-ira-contributions-that-you-can-make-for-2021。

⑥ 参见美国联邦税务局(IRS)官网,https://www.irs.gov/retirement-plans/ira-deduction-limits。

(Modified AGI)[1]的高低。相应地,传统型 IRA 账户的税收优惠可以细分为全额税前扣除、部分税前扣除和不享有税前扣除三种类型。

假如个人在某一纳税年度超过规定的限额向 IRAs 账户供款,法律允许其用当年超限部分的缴费去填补此后年度(a later year)账户存入资金不足缴费额度的资金缺口,不过账户所有者会被额外征税(additional tax)或者承担罚款。即每年留存于 IRAs 账户内的超限部分资金将额外缴纳 6% 的税收,但是税收额度不得超过该账户所有者名下所有 IRAs 账户总资产的 6% 。[2]

另外,美国法律并不禁止个人同时拥有传统型 IRAs 账户和 Roth-IRA 账户,但是纳税人个人对任一类型账户的缴费将导致另一类型账户年度存入资金额度的相应扣减。[3]

4. IRAs 的账户支取规定

IRAs 的账户支取区分传统型 IRA 和 Roth-IRA,主要涉及支取时间和支取额度两个方面的要求。

首先是传统型 IRA[4]。通常情况下,纳税人个人无法将所缴费用无限期地留存于个人退休金账户内,无论是否已经退休,个人必须自 70.5 岁开始从 IRA、SIMPLE IRA、SEP-IRA 等 IRAs 账户内支取资金,本金和投资收益在支取时需要缴纳所得税。不过,这一强制性规定在近期有所变动。2019 年 12 月 20 日,时任美国总统特朗普签署的《增强社区退休待遇法案》(*Setting Every Community Up for Retirement*

---

① 调整后总收入包括应税收入、投资收益、股票分红等其他收入。

② 参见美国联邦税务局(IRS)官网,https://www.irs.gov/retirement-plans/plan-participant-employee/retirement-topics-ira-contribution-limits。

③ 参见美国联邦税务局(IRS)官网,https://www.irs.gov/publications/p590a#en_US_2020_publink1000230955。

④ 这部分规定同样适用于 SIMPLE IRA、SEP IRA 和年金保险合同。

*Enhancement Act*,*SECURE*)规定:2019 年 7 月 1 日以后年满 70 岁的人可以从 72 岁以后开始从账户支取资金。[①] 换言之,1949 年 6 月 30 日之前出生的人,须自年满 70 岁次年的 4 月 1 日起从 IRAs 账户(含 SIMPLE IRA、SEP-IRA)领取退休金;1949 年 6 月 30 日之后出生的人,则从年满 72 岁次年的 4 月 1 日起支取退休金。此后年度的账户支取应于每年 12 月 31 日前完成。当然,账户所有者可以在前述规定的时点之前进行支取或使用 IRAs 资产,但若支取时间早于 59.5 岁,除去某些特定的事由,个人需要承担 10% 的税负。[②]

在支取额度上,美国联邦税务局(IRS)针对传统型 IRA 设置了最低支取额度(required minimum distribution,RMDs),如果账户所有者的年度支取额度低于该限额,支取不足的部分将被征收 50% 的消费税(excise tax)。纳税人可以结合自身情况分次或者一次性完成年度最低支取额度。对于拥有一个以上 IRAs 账户的纳税人,法律允许其合并计算所有 IRAs 的账户 RMDs,然后通过单一 IRAs 账户全部取出,或者从每个 IRAs 账户分别进行部分支取。[③]

Roth-IRA 的账户支取限制性规定相对较少,仅涉及支取时间,对于支取金额没有特别要求。符合条件的资金支取(a qualified distribution)须发生于账户创建 5 年以后,且账户所有者具备以下任一情形:年满 59.5 岁、失能、死亡、首次购房(含自建房和重建房屋)费用低于 1 万美元。不满足前述要件的支取行为,账户所有者要缴

① 参见美国联邦税务局(IRS)官网,https://www.irs.gov/retirement-plans/plan-participant-employee/retirement-topics-required-minimum-distributions-rmds。

② 参见美国联邦税务局(IRS)官网,https://www.irs.gov/publications/p590b#en_US_2020_publink1000230899。

③ 参见美国联邦税务局(IRS)官网,https://www.irs.gov/retirement-plans/rmd-comparison-chart-iras-vs-defined-contribution-plans。

纳 10% 的税负;反之,则没有缴税要求。[①]

## 三、个人退休金计划的投资管理

在美国法的框架下,纳税人个人在 IRAs 积累资产的投资方面享有非常广泛的选择权。一般来说,[②]除却人寿保险合同、收藏品投资和特定的禁止性交易行为,[③]账户所有者可以较为自由地形成多样化的养老投资策略,并根据自身的风险偏好和收益需求,自主、灵活地配置 IRAs 账户资产,以获得保值增值。

然而,尽管账户所有者拥有法定的个人投资选择权,但事实上,并不是每一位账户所有者都能保持必要的理性,同时具备理性选择投资工具的意愿和能力。即使是投资者相对成熟的美国,个人退休金资产配置策略也存在显著的“山墙”现象:要么彻底闲置,要么随意配置。[④] 为了纠正 IRAs 账户所有者的行为偏差,引导其对账户资金有效投资进行长期、合理安排,美国法律构建了较为完整的投资顾问制度,允许专业的投资顾问[⑤]为个人退休金计划的投资选择提供建议。投资顾问可以主动向 IRAs 账户所有者提供投资建议,也可以基于符合条件的计算机模型形成投资建议,但是佣金和费用的收取禁止与投资建议安排相挂钩。按照 1986 年《国内税收法典》的要求,IRAs 的投资顾问必须接受独立审计,持续承担信托结构下的信义义

---

① 参见美国联邦税务局(IRS)官网,https://www.irs.gov/publications/p590b#en_US_2020_publink1000230899。

② 在实际 IRAs 的实际投资运营中,账户受托人根据自身管理能力的不同,有可能对 IRAs 账户的投资范围在法律排除的范围内作出进一步限制。

③ See 26 U.S. Code § 408(m) and §4975.

④ 参见中国证券投资基金业协会编著:《个人养老金:理论基础、国际经验与中国探索》,中国金融出版社 2018 年版。

⑤ See 26 U.S. Code §4975.

务。且无论投资顾问选用哪种方式作出投资建议,事先均要向 IRAs 账户所有者履行信息披露义务和投资者适当性义务,确保其可以获得与之匹配度最高的投资选择建议。

在 IRAs 资产的配置结构上,美国法律没有针对权益投资设置刚性的指导比例,从 2000 年至今,以 IRAs 为代表的私人养老金计划一直是美国共同基金的最主要来源,即便是新冠疫情之下的“非常时期”,IRAs 计划也与美国资本市场保持着良性互动关系,IRAs 账户的资金流进出大体平衡。①

## 四、个人退休金计划与雇主发起式养老金计划的联动

美国第三支柱养老保险之所以能够长期保持较快规模的增长,与个人退休金计划(IRAs)和第二支柱雇主发起式养老金计划的互补与联通不无关系。

### (一)IRAs 账户资产的滚存机制

美国法律允许纳税人个人在传统型 IRAs 账户与其他私人养老金计划之间通过滚存机制(Rollovers)进行资产转换(transfer),对于符合条件的转存,养老金计划或账户所有者享有税收减免的优惠。这些条件包括:②(1)不同养老金账户或计划之间的直接滚存(Direct rollover),个人无须额外缴税。(2)如果先行支取而后存入,养老金

---

① 参见《关于新冠肺炎疫情对美国养老金运作影响之简析》,载中国证券投资基金业协会网,https://www.amac.org.cn/researchstatistics/publication/cbwxhsy/202012/P020201215624312786286.pdf,最后访问日期:2021 年 9 月 6 日。

② 参见美国联邦税务局(IRS)官网,https://www.irs.gov/publications/p590a#en_US_2020_publink1000231030。

计划或账户的所有者原则上[1]须在收到款项之日起 60 日内将资产转移至 IRAs 账户或另一养老金计划,才能对这部分滚存的账户价值保留税收优惠的权利(60-day rollover)。(3)对于纳税人个人名下多个 IRAs 账户[2]间的滚存,已经享受税收优惠的 IRAs 账户在 12 个月内不得再次因为滚存(无论转入还是转出)获得税收减免(one-rollover-per-year limitation)。

由于个人退休金计划良好的滚存机制,发生工作变动或者面临退休的雇员可以利用 IRAs 账户承接第二支柱养老金计划的资产,实现资产增值,[3]同时保有其在雇主发起式养老金计划中的税收优惠。IRAs 计划事实上归集了各类私人养老金的功能。

### (二)QDIA 机制对 IRAs 计划投资运营的间接影响

个人金融知识和金融素养的匮乏,以及非理性因素和个人惰性的原因,极有可能导致个人养老金的投资效果欠佳,进而影响个人退休后收入的替代率。针对这种情况,2006 年美国劳工部在《养老金保护法案》(PPA)中推出养老金"合格的默认投资选择"机制(QDIA),主要适用于雇主发起式养老金中的 DC 计划,[4]在雇员没有

---

① 如果账户所有者遭遇意外事故、灾难或其他超出个人合理控制范围的事由,联邦税务局可以基于公平正义的考虑免予适用"60 日规则"(waive the 60-day requirement)。

② 这里的 IRAs 账户包括传统型 IRAs、Roth-IRAs、SEP-IRAs 和 SIMPLE IRAs。

③ 参见美国联邦税务局(IRS)官网,https://www.irs.gov/retirement-plans/plan-participant-employee/rollovers-of-retirement-plan-and-ira-distributions。

④ 美国第二支柱雇主发起式养老金计划有收益确定型(DB)和缴费确定型(DC)两种细分类型,且以 DC 型为主流模式,典型代表是面向私营机构雇员的 401(k)计划。DC 型养老金计划虽然由雇主发起且参与缴费,但是仍然基于个人养老金账户的基本框架,所以,DC 计划,特别是 401(k)计划与 IRAs 计划同属私人养老金计划的范畴,二者在税收优惠政策和市场化运作方面遵循类似的框架,可以进行对接和联动。

对账户资产作出明确投资决定的情况下,雇主可以将雇员的账户资产投向提前设定的默认投资组合工具①,而无须为此安排产生的投资损失承担责任。

得益于政策法律的支持,DC 计划的账户资产投向目标日期基金的比例持续上升、增速迅猛。受其影响,尽管 IRAs 账户没有设置 QDIA 机制,但由于 IRAs 的大量资产源自雇主发起式养老金计划的滚存,②基于选择的惯性思维,许多已经通过第二支柱养老金计划熟悉目标日期基金的纳税人个人,仍然愿意在 IRAs 账户下配置此种金融产品。

### (三)IRAs 计划接受两大联邦行政部门的监管

在个人养老金计划的监管上,美国联邦税务局(IRS)起着决定性作用。根据 1986 年《国内税收法典》的授权,IRS 主要负责对与 IRAs 计划有关的各种税收政策的解读和政策执行情况的监管,以及 IRAs 计划受托机构的准入审批。除此之外,美国劳工部也能够对 IRAs 计划产生监管的间接效果。《雇员退休收入保障法案》(ERISA)规定,第二支柱养老金计划由劳工部负责,重点关注雇员合法权益保护,监督养老金计划发起人、受托人和投资顾问履行信义义务的情况。由于雇主发起式养老金计划与 IRAs 计划可以相互滚存,且税收优惠政策和市场化运作遵循类似的法律框架,劳工部针对第二支柱养老金计划的部分监管要求自然延伸适用于 IRAs 计划。劳工部与联邦税

---

① 根据 2007 年美国劳工部公布的 QDIA 清单,主要有目标日期基金、目标风险基金、平衡型基金、管理型账户等。

② IRAs 账户最大的资产源自第二支柱养老金账户的滚存。截至 2017 年,自雇主发起式养老金计划账户滚入进入 IRAs 账户的资产高达 4630 亿美元,占比约 96%。

务局的所属机构美国财政部均有义务在涉及养老金计划相关法律修改等事项上进行积极沟通、相互协调。美国第二、三支柱养老金计划在监管层面实现了互补与联动。

## 第二节　日本商业养老保险法律制度

### 一、第三支柱养老保险立法概况

日本个人养老金计划起步较晚。目前主要由三部分组成，分别是个人缴费确定型养老金计划(iDeCo)、小额投资免税制度(NISA)和第一支柱国民年金(基础年金)第1类参与者[①]的国民年金基金。

在1985年之前，日本以各类职业的互助共济为基础，设立了种类繁多、各自独立的公共养老金制度。[②] 受产业结构调整和失业率的冲击，这种公共养老金安排的公平性和可持续性受到质疑。1985年，日本通过《国民年金法》、《厚生年金法》和《共济年金法》修正案完成对国民年金的整合，形成了"全覆盖、强制性、低水平"的国民年金(基础年金)制度。将此前与收入关联的厚生年金和共济年金附加于国民年金(基础年金)之上，成为公共养老金体系的第二层保障。在这样的公共养老金制度下，公职人员和企业雇员这类参保群体除享有国民年金(基础年金)外，还可以获得厚生年金和共济年金等更高

---

① 国民年金(基础年金)是日本养老保障体系的第一层次，按照缴费方式和职业性质的不同，覆盖三类参与人：第2类以企业雇员和公职人员为主；第3类是第2类参与人的被抚养配偶，除前述两类参与人外，凡在日本居住、年龄在20岁到60岁的人都属于第1类参与人。

② 包括适用于公职人员和私立学校教师的共济年金、适用于企业雇员的厚生年金，以及适用于其他非雇员(如学生、自营业者、农民等)的国民年金。

的养老金待遇，[①]而以自营业者为首的非雇员却只有国民年金（基础年金）一种养老保障。为了消除这种不公平的现象，日本在1991年专门针对自营业者设立了一种私人养老金计划——国民年金基金，由具有官方色彩的非营利社会组织国民年金基金联合会负责运营。[②]

进入21世纪，人口快速老龄化和经济衰退致使日本公共养老金的收支状况日益恶化，政府不得不进行养老制度改革，以缓解财政压力。2001年，日本国会颁布《缴费确定型养老金法》，对企业补充养老金计划（日本第二支柱养老金计划）作出大幅度调整，引入缴费确定型养老金计划（DC），该计划由雇主型DC计划和个人型DC计划两部分组成。其中，个人型DC计划，即iDeCo（Individual-Type Defined Contribution）为当前日本第三支柱养老金体系的主要部分。参加iDeCo的日本居民必须先行加入国民年金（基础年金），且每月对iDeCo的缴费不得少于5000日元。起初，iDeCo的首要作用是补足企业补充养老金计划覆盖人群的不足，参与范围限于国民年金（基础年金）的第1类参与人，特别是雇主没有提供任何职业养老金计划的中小企业雇员和自营业者。2017年，厚生劳动省扩大iDeCo的覆盖范围，年龄在20岁到59岁的国民年金（基础年金）的第3类参与人[③]、职业养老金计划的参与者[④]、公职人员等都可以申请加入个人型DC计划。目前，iDeCo已经成为足以对在日本境内有住所的各类人群形成全覆盖的个人养老金计划。

---

① 厚生年金与共济年金在2015年10月并轨为当前的厚生年金保险。

② 参见维基百科关于日本"国民年金基金"的释义，https://ja.wikipedia.org/wiki/%E5%9B%BD%E6%B0%91%E5%B9%B4%E9%87%91%E5%9F%BA%E9%87%91。

③ 国民年金（基础年金）第2类参与人的被抚养配偶，即全职主妇或者全职主夫。

④ 包括厚生年金基金（事实上已于2014年终止）的参与者、DB计划的参与者和雇主型DC计划的参与者。

此外，日本政府在 2014 年效仿英国 ISA（Individual Savings Account）制度推出的小额投资免税制度（NISA），也是日本第三支柱养老金体系不可或缺的重要部分，具体规范在日本金融厅的《金融工具经营者综合监管指引》之中。NISA 的终极目标是吸引社会公众将银行储蓄或闲散资金转移至资本市场进行适当的投资安排。由于制度配有相应的税收奖励计划，客观上会产生鼓励民众为个人养老做好财务准备的效果。起初，只有年满 20 周岁且在日本境内有住所的人才被获准申办 NISA 账户（一般 NISA）。从 2016 年开始这一年龄限制被打破，一款面向 19 岁以下人群的 Junior NISA 问世。至此，日本居民参与 NISA 已经没有任何年龄方面的要求。两年以后，日本政府在一般 NISA 的基础上推出了另一种 NISA——积立 NISA（つみたて NISA），以满足有“长期投资、分散投资”需要之居民的养老储备。①

客观而论，日本的个人养老金体系在公共养老金制度大变革的背景下取得了令人瞩目的成绩。iDeCo 自 2017 年扩大适用范围后，账户数量呈现倍数增长之势，根据 GPIF（Government Pension Investment Fund）的报告，截至 2019 年 6 月，iDeCo 的资产规模已经突破 1.76 万亿日元，增速接近 20%，约占日本 GDP 的 0.3%。NISA 方面，2020 年 12 月底，NISA（一般/积立）和 Junior NISA 的账户数为 1560 多万个，总买进金额高达 22 兆日元，较 NISA 推行之初增加了 15 倍，成长速度惊人。不过，就日本整个养老金体系来说，公共养老金仍然占据主导地位，总规模约为私人养老金规模的 46 倍，以商业

---

① 参见日本金融厅官网，https://www.fsa.go.jp/policy/nisa2/about/tsumitate/index.html。

养老保险为代表的私人养老金存在非常大的发展空间。

## 二、第三支柱养老保险的设计规则

### （一）治理模式

日本商业养老保险采用的是信托结构的账户模式，符合条件的第三支柱缴费可以全部纳入个人养老金账户，在相应的税收优惠政策下，于一定范围内自主选择投资产品，实现养老资金的累积与增值。

iDeCo 个人账户依托信托管理结构，由国民年金基金联合会负责实施与管理。居民个人自行申请账户注册，也可以通过雇主统一代理在国民年金基金联合会处办理开户。国民年金基金联合会将具有较强账户管理能力和资金结算能力，且服务网点相对发达的金融机构纳入核准名单，作为个人账户管理机构向个人养老金计划的参与者提供账户管理服务与投资产品引介。同时，委托投资产品管理机构对 iDeCo 的投资产品进行投资管理，将 iDeCo 的相关信息记录、交易指令等交由四家系统信息提供商保存。①

通过 NISA 建立的个人养老金计划的治理模式也是账户制，符合条件的日本居民②可以向资产管理公司、证券公司、商业银行等合格的金融机构申请开立账户，每人以一个账户为限。从某种意义说，NISA 在本质上就是专为投资和投资相关金融产品设立的免税账户，每年缴

---

① 参见中国证券投资基金业协会编著：《个人养老金：理论基础、国际经验与中国探索》，中国金融出版社 2018 年版。

② Junior NISA 面向的是 20 周岁以下的未成年人，此类账户通常由未成年人的监护人代为开户，未成年人直系二等亲以内的亲属（父母、祖父母）可以代为进行账户操作。

费在个人权益下可以进行完全积累,因而具有养老储蓄的积极效应。

### (二)税收优惠政策

日本对于 iDeCo 和 NISA 在税收方面都配置了相当具有吸引力的激励政策。

iDeCo 账户采用的是 EET 模式。养老金计划参与者开立账户后,每月向账户投入的资金在一定限额内享受税收豁免。厚生劳动省按照国民年金(基础年金)对养老金计划参与者的分类,以及个人已经加入的养老金计划类型的不同对 iDeCo 账户所有者设置了不同的缴费限额。

iDeCo 账户投资产生的收益不用缴税。在资金领取环节,账户所有者基于退休、身故、伤残、退出 iDeCo 等原因可以领取账户内的资金。在领取方式上,因为年满 60 周岁和伤残导致的领取有年金领取和一次性领取两种方式;账户所有者身故以及退出 iDeCo 则须采用一次性领取方式。采用年金方式领取的,领取期限不得少于 5 年。在养老金应税所得的计算上,养老金收入首先要进行专项扣除,包含定额扣除和定率扣除两部分,如果需要与其他所得合并,养老金应税所得还要进一步扣减,然后再按照综合所得税率和附加的复兴特别收入税(2.1%)计算应纳税额。[①] 选择一次性领取的,扣除额度与工作年限(以 20 年为界)挂钩,没有其他所得扣除项,应纳税额的计算方式与年金领取一致。两相对比,年金领取方式的税负更具优势,更

---

① 参见《中国证券投资基金业协会:日本养老金制度演变、税收政策及经验借鉴》,载中国证券投资基金业协会官网,https://www.amac.org.cn/businessservices_2025/pensionbusiness/yljyw_yljyj/yljyj_gjjy/201912/P020191231575442347728.pdf,2019 年 9 月 23 日,第 17~19 页。

能引导养老金的长期领取。①

NISA 在税收优惠上采用的是 TEE 模式,各类 NISA 账户都可以获得个人资本利得的高额减免,账户投资金额取得的收益在前 5 年无须缴纳所得税和 20. 315% 的资本利得税。一般 NISA 账户和 Junior NISA 账户单笔投资的免税期限最长为 5 年,投资期间根据各自开始时间的不同,分别为 2014 ~ 2023 年和 2016 ~ 2025 年,共 10 年。一般 NISA 账户的年度免税投资额度略高于 Junior NISA 账户,为 120 万日元,Junior NISA 账户为 80 万日元。待 Junior NISA 的账户所有者成年之时,可以进行账户支取,年满 20 周岁后,② Junior NISA 账户将自动转为一般 NISA 账户,适用一般 NISA 账户的投资额度要求。③ 2018 年推出的积立 NISA 面向的是年满 20 周岁的日本居民,更加侧重投资的长期性和多元化。账户的年度免税投资额度较低,仅为 40 万日元,但是免税期限长达 20 年,目前的投资期限为 2018 ~ 2042 年,有 25 年之久。与前述 iDeCo 账户不同,除了 Junior NISA,其他 NISA 账户的领取没有时间限制。

## 三、第三支柱养老金资产的投资管理

### (一) iDeCo 的投资管理

iDeCo 的主管机关为日本厚生劳动省,国民年金基金联合会作

---

① 参见《中国证券投资基金业协会:日本养老金制度演变、税收政策及经验借鉴》,载中国证券投资基金业协会官网,https://www. amac. org. cn/businessservices _ 2025/pensionbusiness/yljyw_yljyj/yljyj_gjjy/201912/P020191231575442347728. pdf,2019 年 9 月 23 日,第 20 页。

② 目前,日本的成年年龄是 20 周岁,2018 年 3 月 13 日日本通过《民法》修正案,将法定成年标准调低至 18 周岁,该规定自 2022 年 4 月 1 日起实施。

③ 未成年人年满 18 岁以后,可以进行 Junior NISA 账户支取。

为实施运营主体负责 iDeCo 的资产管理。原则上,iDeCo 的账户所有者只有年满 60 周岁才能领取账户资产,在此之前,个人对于账户中资产的投资与积累拥有较为充分的话语权。按照 iDeCo 的信托架构运作机理,由计划参与者向国民年金基金联合会缴纳资金,而后,国民年金基金联合会与纳入核准名单的金融机构签订合同,设计 iDeCo 金融产品,提供给参与者进行选择,选定后再由金融机构进行具体管理。

由于 iDeCo 主要用于保障账户所有者退休后的养老生活,因此,iDeCo 的账户投资相对比较保守,目前可以投向的金融产品大类有三种,分别为投资基金类(包括混合型基金、境内股票基金、境内债券基金、境外股票基金、境外债券基金、货币基金,以及其他采用信托结构的投资产品)、保险类(包括生命保险和意外保险)和储蓄类(包括定期储蓄和担保投资)。在 iDeCo 的资产配置结构上,账户所有者倾向于在资产积累初期与后期配置较多的以保本属性为主的金融产品,而在资产加速积累阶段则将投资重心转向能够确保养老金有效增值的金融产品,产品切换更加便捷、灵活的投资基金类产品成为 iDeCo 参与者的“心头好”。其中,境内股票型基金、境外股票型基金和混合型基金等权益类投资是账户所有者进行基金投资的主要配置产品。

### (二)NISA 的投资管理

NISA 的投资增值可以帮助参与者抵御长寿风险,但是其本质上仍是专为投资和投资相关金融产品设立的免税账户,因此,NISA 的主管机关是日本金融厅而非厚生劳动省。金融厅将 NISA 视作一种金融工具,依据《金融工具经营者综合监管指引》和《金融产品交易法》的规定，将其交予核准的金融机构运营，运营者依法承担针对投资者的信息披露义务。

NISA 设立的初衷是鼓励日本民间进行金融资产方面的投资，所以 NISA 账户的投资范围非常广泛。对于一般 NISA 和 Junior NISA，账户中资产的使用没有特别限制，除基金外，日本国内外股票以及不动产投资信托皆可作为投资对象，实际运作中 NISA 处理哪种金融产品，取决每家金融机构对投资范围的具体要求。在资产配置方面，前述 NISA 账户的所有者更加偏好投资信托、上市公司股票、ETFs、REITs 等可以使个人财富快速增值的金融产品。积立 NISA 由于其功用的特殊性，涵盖的产品范围相对较窄，仅限于公开股票投资信托和交易所买卖基金等适合长期性、风险相对分散的金融产品。

# 第八章　我国商业养老保险法律制度的构建路径

提升商业养老保险在第三支柱中的作用,是当前我国社会保障体系改革的重要任务。2020 年 12 月 9 日,时任国务院总理主持召开国务院常务会议,部署促进人身保险扩面提质稳健发展的措施。其中,非常重要的一项任务就是将商业养老保险纳入养老保障第三支柱加快建设,强化商业养老保险的保障功能。可以预见,在国家政策的大力支持下,商业养老保险市场将迎来更为广阔的发展空间。

改革创新需要制度引领。从当前我国商业养老保险的发展状况看,养老保险的界定不清晰、产品设计缺乏明确规则、市场有效供给不足、与相关养老性质资金的衔接不紧密等问题仍较为突出,当务之急是在理论研究与联系国情的基础上,积极完善我国商业养老保险法律制度,为商业养老保险的健康快速发展提供稳定的制度依据。

## 第一节　明确商业养老保险的属性与基本产品形态

### 一、商业养老保险的属性特征

中国人民银行党委书记、原中国银保监会主席郭树清在 2020 年金融街论坛上的主题演讲中提出,我国养老保障第三支柱的发展方针是“两条腿”走路，一方面，抓现有业务规范，就是要正本清源，统一养老金融产品标准，清理名不符实产品；另一方面，是开展业务创新试点，大力发展真正具备养老功能的专业养老产品，包括养老储蓄存款、养老理财和基金、专属养老保险、商业养老金。由此观之，商业养老保险在属性上应坚持“养老属性”与“保险属性”并重原则。

商业养老保险应回归“养老属性”。一方面，按照《人身保险条款费率管理办法》，明确商业养老保险在产品与条款设计上列入养老年金保险范围，并至少应符合两个基本条件：保险合同约定给付被保险人生存保险金的年龄不得小于国家规定的退休年龄；相邻两次给付的时间间隔不得超过一年。另一方面，在个人税收优惠、领取方式等方面，根据不同地区、不同群体的特定需求，积极完善商业养老保险的形态。

同时，商业养老保险应保持“保险属性”。按照《保险法》第2条的规定，保险是指投保人根据合同约定，向保险人支付保险费，保险人对于合同约定的可能发生的事故因其发生所造成的财产损失承担赔偿保险金责任，或者当被保险人死亡、伤残、疾病或者达到合同约定的年龄、期限等条件时承担给付保险金责任的商业保险行为。从经济学角度看，保险是分摊意外事故损失的一种财务安排；从法学角度看，保险是一种合同行为，是一方同意补偿另一方损失的一种合同安排；从社会学角度看，保险是社会经济保障制度的重要组成部分，是社会生产和社会生活“精巧的稳定器”；从风险管理角度看，保险是风险管理的一种方法。

因此，商业养老保险的发展应坚持保险属性，一些不具有保险属性的养老保障产品，如养老保险公司经营的个人养老保障管理产品，应积极整改，体现出“保险属性”或“保障属性”。

## 二、商业养老保险的险种特征

目前，商业养老保险主要采取分红险的险种形态，同时也大量存在万能险、投连险等险种类型。选择什么样的险种形态，能够更加契合商业养老保险的“养老属性”，需要从几种人身保险险种的辨析上着眼。

一是分红险。从保障内容上看，分红险的主要功能是保险，投保人向保险人交付的资金性质上是保险费，资金的所有权已经转移给保险人，保险人作为营业收入计入其资产负债表，保险人有按照合同的约定计算方式给予保险合同约定的请求权人确定回报的义务。同时，如保险人实际经营成果优于定价假设的盈余，应按一定比例分配额外的收益。合同约定的保障回报是确定的，而分红则是不确定的。从合同的这些要素和内容看，分红险与传统的人身保险合同所包含的收取保险费、按约定给予确定的回报是一致的。

因此，分红保险合同属于保险合同。对于可能存在的分红，虽然和传统的人身保险合同不同，但由于其次要的地位和辅助的功能，并不足以改变分红保险合同的保险性质。而且从实际经营上看，是否分红、分红比例均由保险人确定，在保险合同中并无明确约定，实质上是保险人将部分经营利润让渡给被保险人，以提升保险产品的投资价值，在性质上并不影响保险合同关系的成立。

二是万能险。万能保险合同，投保人所交保费被分成两部分，一部分用于风险保障，计入保险账户；另一部分用于投资，计入投资账户。投资账户提供最低收益保证，并且可以与保险人分享最低保证收益以上的投资回报。虽然从形式上看，万能保险与投资连结保险更为接近，如两者均区分保险账户与投资账户，投资账户资金均不计入保险费收入,但从具体会计计量方式上看,万能保险与投资连结保险仍存在明显差异。投资连结保险分拆后的独立账户负债按照公允价值计量,而万能保险分拆后的投资账户负债则采用实际利率法,按摊余成本计量,后者的计量方式与分红保险更为接近。同时,万能保险的投资账户具有最低保底收益,体现出类似于债券的固定收益性特征,与信托法律关系下投资风险完全由投资人承担存在本质差别。因此,在性质上,万能保险在本质上与分红保险一致,保险公司向被保险人给付的保险金仍源于保险费及其利息收入,并非与投资情况直接挂钩,实际投资收益仅仅是保险人定期调整结算利率的核心依据。

三是投连险。投资连结型保险合同所包含的保险和投资两部分内容,功能相对独立,容易分开。基本保险金额是被保险人无论何时都能得到的风险保障金,对应这一部分保障金额,投保人交付的资金属于保险费,这部分法律关系和传统人身保险合同相同,属于保险。对于额外保险金额,投保人交付的资金并无确定的回报,而且保险人要设立独立的账户,对于资金的收益不设定最低保证利率,投资部分的回报率是不固定的,投资收益随具体投资账户的投资业绩波动,投资收益可能会出现负数。从这些合同内容和要素来看,投保人交付的投资资金实际上不是保险费,所有权没有转移给保险人,所以也称为投资金。投保人、被保险人或受益人可获得的收益不确定,甚至为负数,这显然也不符合传统人身保险合同的特性。

由上述理解,结合养老保险的"养老属性",商业养老保险在险种选择上建议以普通型和分红型年金保险为主,个别情况下考虑万能型保险。而投资连结型保险合同本质上是一种信托法律关系,无法充分体现出"养老属性",不建议作为商业养老保险的险种形式。

## 三、明确商业养老保险的账户制安排与税收抵扣机制

发展第三支柱商业养老保险的根本目的，是通过国家政策引导与市场运营机制的结合，提升社会居民养老保障水平，健全国家社会保障体系。商业养老保险的革新与发展，不仅需要保险机构的创新与保险产品的优化升级，更依赖于国家顶层设计的完善，拓展商业养老保险的发展空间和环境，其中核心是账户制安排与税收抵扣机制。

账户制是指经国家有关部门认可或授权，为符合条件的社会居民开立第三支柱养老保险账户，在账户内进行第三支柱养老保险产品的投资、享受相应的税收优惠，符合条件的银行理财、商业养老保险、基金等金融产品都可以成为养老保险第三支柱账户下的产品范围，账户制采用相对封闭的运行方式，居民存入账户内的资金，可以自由购买符合条件的金融产品，但未达到退休年龄或法定的提取条件之前，资金不得从账户内转出，通过资金在账户内的长期投资运营，实现个人养老金的保值增值，从而发挥第三支柱养老保险的保障作用。

账户制是第三支柱养老保险的重要载体，其所具有的基本特征包括如下方面：一是与个人绑定，不随账户所有人的职业、空间等转换而发生转移，即脱离了所属单位，这与第一支柱、第二支柱养老保障机制具有本质差异；二是税收优惠措施，只有通过该账户投资个人养老金融产品才能享受税收递延等优惠，养老金的缴费及未来福利支取统一在该账户下进行结算；三是账户制并不针对特定的产品，账户所有人有丰富的产品选项，可以根据自己的年龄、风险偏好等进行产品选择，同时也允许账户所有人进行产品间的转换，能够进入账户

制范围的金融产品由国家相关部门确定。总体上看,账户制的制度设计有利于激发居民个人的养老投资热情,例如,美国的 IRA 账户以账户制为基础,后续配合以默认选项,第二、三支柱互通等制度设计,使美国的第三支柱养老保险得到快速发展,在规模上远超第一支柱和第二支柱。

2021 年 2 月 26 日,在国务院新闻办公室举行的就业和社会保障情况新闻发布会上,人社部副部长游钧指出,目前我国的第三层次在整个社会养老保障体系中还是个短板,国家将建立以账户制为基础、个人自愿参加、国家财政从税收上给予支持,资金形成市场化投资运营的个人养老金制度。由此可见,我国第三支柱养老保险遵循账户制设计的基本方向已经确立。

实施账户制的核心是具有配套的税收抵扣机制。在账户制安排下,账户所有人可以自主选择符合条件的第三支柱养老保险金融产品进行投资,但资金是相对封闭的,即居民投入第三支柱养老保险账户的资金只能用于投资范围内的金融产品,在达到退休年龄或其他提取条件之前,资金及投资金融产品所获得的收益不得取出。这样一来,账户制内的资金就可以享受相应的税收优惠或税收抵扣政策,具体的操作安排包括:第三支柱养老保险账户内的资金可以减免所得税等税费,居民投入第三支柱养老保险账户的资金可以在年度个人所得税汇缴时予以扣除,开立第三支柱养老保险账户的居民可以在每月或每年个人所得税核算时增加一定幅度的减免额度等。

# 第二节　完善并不断丰富商业养老保险的产品供给

## 一、创新产品类型，设计“复合型”的商业养老保险产品

从被保障群体的实际需求看，养老、医疗的保障往往是并存或者同步的，投保人希望在保险产品中既享受到养老年金保障，又可以得到医疗费用支出的保险给付金。针对这种现实需求状况，商业养老保险在制度设计上可以为“复合型”保险产品的开发提供更大空间。一方面，保险公司通过投资养老产业延长养老保险业务链，可以连接养老险、长期护理险、医疗险等适合老年人的保险产品；另一方面，可以附加医疗、护理、慢病管理等保险业务的增值服务，在扩大业务范围的同时获得良好的口碑，满足投保人的更多需求。实质上，对于投保人、被保险人、受益人等保险消费者来说，区分保险险种与其保险需求并无直接联系，保险消费者希望在一个保险产品中解决养老给付、医疗费用补偿等多种保险保障服务，因而在一个保险产品或者一个保险计划中综合涵盖养老保障、健康保障等多种保险功能，是丰富商业养老保险产品供给的重要内容。

此外，从当前人身保险市场的发展趋势看，行业将迎来第四波发展高峰。本次行业发展，将是以政府导向、在服务国家社会保障体系建设大局下，为满足社会大众对养老、健康保障需求提供补充保障服务的发展。在此种背景下，通过保险产品的不断创新，满足“医疗＋养老”的综合保障需求，是商业养老保险发展的必然途径，也是我国商业养老保险法律制度中应予以规范的重要方面。

## 二、拓展商业养老保险的差异化发展渠道

养老保障是一个相对广泛的话题,不同群体、不同地区,甚至不同家庭,均具有相对个性化的养老保障需求。因此,商业养老保险应积极拓展差异化的发展渠道,为个人和家庭提供个性化、差异化养老保障服务。在制度完善上,应支持商业保险机构开发多样化商业养老保险产品,满足个人和家庭在风险保障、财富管理等方面的需求。积极发展安全性高、保障性强、满足长期或终身领取要求的商业养老年金保险。支持符合条件的商业保险机构积极参与个人税收递延型商业养老保险试点。允许商业养老保险机构依法合规发展具备长期养老功能、符合生命周期管理特点的个人养老保障管理业务。针对独生子女家庭、无子女家庭、“空巢”家庭等特殊群体养老保障需求,探索发展涵盖多种保险产品和服务的综合养老保障计划。

从整体上,在中国未来“养老金融”的大概念下,我国商业养老保险的产品形态将主要包括三种:一是纳入个人账户制的商业养老保险。2020 年 1 月 23 日,多部委联合印发的《关于促进社会服务领域商业保险发展的意见》中提出,“积极发展多样化的商业养老年金保险,个人账户式商业养老保险”。2021 年 3 月,人社部相关负责人在介绍国家养老保险体系建设情况时进一步指出,作为第三层次的个人养老金制度虽然还没有出台,但总体考虑是,建立以账户制为基础、个人自愿参加、国家财政从税收上给予支持,资金形成市场化投资运营的个人养老金制度。因此,如果能够纳入未来个人养老金账户制下的商业养老保险产品,享受相应的税收优惠,将是未来商业养老保险最主要的产品形态。二是专属商业养老保险产品。如同原中国银保监会郭树清主席在金融街论坛中提出的,专业养老金融产品

包括养老储蓄存款、养老理财和基金、专属养老保险、商业养老金等。因此，在“养老金融”的指引下，与养老理财、养老基金等产品并列，体现保险法律关系、具有养老属性的专属养老保险产品，是未来商业养老保险发展的另一主要产品形态。随着原中国银保监会颁布《关于开展专属商业养老保险试点的通知》，后续专属商业养老保险将会根据试点经验不断完善，形成商业养老保险的固定模式。三是即期年金产品。原中国银保监会副主席黄洪曾指出，监管机构鼓励各保险公司开发“能够与其他养老金融产品所积累的养老资金有效对接的即期年金产品”。随着国家养老保障体系的不断健全，各类养老性质的金融产品将共同构成我国的养老金融体系，产品之间的相互转换与衔接将是提升国家养老保障能力的重要方面。与养老理财、养老基金等金融产品以信托法律关系为基础不同，商业养老保险的基础为保险合同法律关系，能够实现不同法律关系之间的对接，保障商业养老保险与其他养老金融产品之间顺畅转换，将是未来商业养老保险产品的发展方向。

须说明的是，上述三种商业养老保险发展的产品形态，是相互融合而并非彼此独立的，如专属商业养老保险产品同样可以纳入账户制，享受国家税收优惠。以上关于商业养老保险产品形态发展的预测，更多是基于当前政策规定与行业实践，以及对未来市场发展的展望。

## 三、加强第二支柱与第三支柱的衔接

目前，在我国养老保障体系下，作为第二支柱的企业年金和职业年金发展较快。2018 年 2 月 1 日，经人社部修订的《企业年金办法》正式实施，企业年金的准入门槛进一步降低，越来越多的企业开始认识到企业年金在职工待遇中的重要作用,开始积极主动办理企业年金,尤其是一些中小型企业、创新型企业,丰富了企业年金市场的客户结构,大幅提升了市场规模。同时,自 2018 年下半年开始,面向各级政府部门及参照公务员管理事业单位的职业年金全面启动,中央直属机关与全国 31 家省级政府机关先后完成新一轮职业年金招标,进一步提升了年金市场的规模。

《企业年金办法》第 2 条规定:“企业年金,是指企业及其职工在依法参加基本养老保险的基础上,自主建立的补充养老保险制度。”从属性上看,企业年金本身即是一种养老保险机制,是对于社会养老保险的补充。与商业养老保险相比,企业年金虽然体现为信托法律关系,与保险合同关系存在本质差别,但在功能上,企业年金与商业养老保险的确可以发挥同样的保障作用。差别在于,企业年金必须以企业作为发起主体,只有职工所在企业建立了企业年金计划,职工方可以成为企业年金的保障对象;而作为第三支柱重要组成部分的商业养老保险,则完全脱离了企业,符合条件的自然人(包括没有归属企业的自由职业者)均可以自主投保商业养老保险,为自己增加养老保障。鉴于在当前我国社会中,企业仍是重要的经济主体,相当部分的商业养老保险消费群体本身已经具有第二支柱企业年金保障,因此做好第二支柱与第三支柱之间的衔接,即商业养老保险产品与企业年金的无缝对接,将是完善商业养老保险法律制度的重要基础。

具体来说,应通过健全法律制度,鼓励商业保险机构发展与企业年金领取相衔接的商业养老保险产品,强化养老保障功能。如企业年金的受益人达到退休年龄后,可以选择一次性或者分期领取个人账户内的企业年金资金,但无论选择哪种方式,受益人均须缴纳一定的税款。商业保险机构可以在商业养老保险产品上进行创新,开发保险费缴纳金额、周期等与企业年金资金领域相互衔接的商业养老保险产品，使短期内没有大额资金使用需求的退休职工避免缴纳多余税款，并且可以使资金进一步保值增值。

同时，鼓励商业保险机构面向创新创业企业就业群体的市场需求，丰富商业养老保险产品供给，使不满足第二支柱企业年金建立条件的企业或者群体，能够通过商业养老保险补充保障需求。虽然《企业年金办法》不断优化企业年金的准入门槛，但在以企业作为核心的企业年金制度下，第二支柱的普及率仍然相对有限，大量企业尤其是小企业、初创型企业不愿意设立企业年金计划，以避免给企业带来额外成本。随着国家对于大众创业的鼓励，社会中也出现了大量没有归属企业，依靠自由职业为生的独立个体，此类群体无法纳入企业年金的范畴。针对这些需求，商业养老保险应扩大产品供给，使无法得到第二支柱企业年金保障的社会群体，可以通过支付基本相当的成本，在脱离企业的情况下，通过投保商业养老保险来补充养老保障水平。尤其是对于没有企业依靠的自由职业者，在收入相对稳定的条件下，由商业养老保险来发挥更多的养老保障功能，符合未来社会经济结构的发展趋势。

应该看到，我国第二支柱与第三支柱相衔接的养老保障机制并不是一成不变的，两者处于相互融合的过程中，即投保人选择商业养老保险并不以具有企业年金为条件，企业年金的设立与被保障职工是否购买了商业养老保险也并无直接关联。作为分别由企业发动和自然人主体自主发动的两种不同类型养老保险金融产品，实现两者之间的相互对接、转换，使之协调服务于整个养老保障体系，是未来健全我国整个社会养老保障制度的必要组成部分。

## 第三节　增强商业养老保险的资金运用效率

养老保险最为显著的特征在于长期性,尤其是在发展第三支柱的大背景下,鼓励居民从年轻时开展个人养老金积累,提升退休后的养老经济条件,所以符合“养老属性”商业养老保险的保险期间将达到数十年以上。在此种背景下,增强商业养老保险的资金运用效率,使养老保险资金能够获得更多的投资收益,进而为被保险人带来更多的保险金收益,将成为商业养老保险发展的重要基础。从投资端的情况看,保险资金能够运用的长期、稳定,需要相应的法律制度提供支撑。

具体来看,法律制度支持保险机构开展养老保险运营,主要体现在三个方面:一是扩大投资范围,根据养老保险资金长期性的特征,进一步拓展商业保险资金的投资范围,放开投资端限制,允许更高比例的保险资金投资于权益类、另类资产。二是优化考核比例,通过适当降低养老金的资本金要求,拉长保险机构年金投资业绩的考核周期,鼓励资金优质发展,为保险资金进入养老产业提供可能。三是政策支持,对于养老保险的投资端即养老金融业务给予税收优惠,出台政策支持养老金向国家建设重点项目进行投资,保障养老保险资金的收益率。

法律制度对养老保险的政策支持包括如下方面:

一是推进商业养老保险资金稳步有序参与国家重大战略实施。支持商业养老保险资金通过债权投资计划、股权投资计划、不动产投资计划、资产支持计划、保险资产管理产品等形式,参与重大基础设施、棚户区改造、新型城镇化建设等重大项目和民生工程建设,服务科技型企业、小微企业、战略性新兴产业、生活性服务新业态等发展，助力国有企业混合所有制改革。

二是发挥商业保险机构作为资本市场长期机构投资者的积极作用，依法有序参与股票、债券、证券投资基金等领域投资，为资本市场平稳健康发展提供长期稳定资金支持。

三是在风险可控前提下，稳步发展商业养老保险资金境外投资业务，合理配置境外资产，优化配置结构。支持商业养老保险资金通过相关自贸试验区开展境外市场投资；按照商业可持续原则，有序参与丝路基金、亚洲基础设施投资银行和金砖国家新开发银行等主导的投资项目，更好服务国家“走出去”战略。

此外，商业养老保险资金入局养老产业是非常具有优势的，养老产业链从建设到运营、盈利需要投入大量资金、经历一个较长的周期。保险公司不仅掌握着大量资金，而且资金的负债期限长、相对比较稳定，与养老产业的投资周期更匹配。

# 第三编

# 养老保险资金运用法律制度

基本养老保险、企业年金以及税延型养老险等正在逐步探索和丰富的第三支柱养老保险产品中所积累的资金，可统称为养老保险资金。较之于其他类型资金，养老保险资金具有长期性、稳定性、支持终身领取等特征。不过，养老保险资金运用效率却不尽如人意，相应投资运作的收益率常年远低于同期 CPI 的增长率。其主要缘由是养老金运用侧重于考量资金的安全性，故对资金的盈利要求退居其次。为了提高资金的运作效率和长期保值增值的目标，我国颁布了《基本养老保险基金投资管理办法》《企业年金基金管理办法》《个人税收递延型商业养老保险资金运用管理暂行办法》等诸多部门规章和规范性文件，以支持和规范养老保险资金的市场化运作。

在养老保险资金运用的规范体系中，较之于第二、三支柱养老保险，基本养老保险资金运用和投资范围经历了由限制到逐步放开的过程，诸多规则不断细化和成熟，同时也积累有较多经验和教训，可为第二、三支柱养老保险资金运用提供有益的参照。譬如，尽管养老保险资金运用中主要采取信托交易结构，当事人之间法律关系主要为信托关系，但《企业年金基金管理办法》《个人税收递延型商业养老保险资金运用管理暂行办法》等规范对资金运作的法律关系界定模糊，特别是对受托人的义务规定并不清晰。理论上，受托人承诺向委托人履行义务的合同关系，都可能存在代理成本问题，而课以受托人严格的受信义务是降低代理成本的主要举措。《基本养老保险基金投资管理办法》对资金运用的信托关系规定是明确的,且该办法第三章对受托机构规定了诸多的义务内容。这可以为第二、三支柱相应规范完善、强化受托人义务,提供直接借鉴。因为无论第一支柱还是第二、三支柱养老保险资金的运用,受托人均须为养老保险资金的保值增值尽到勤勉义务和忠实义务。又如,根据现有规定,基本养老保险资金运用的监管主体包括中国人民银行、银保监会、证监会、人社部、财政部等多个部门,各部门之间的监管边界比较清晰;企业年金的监管主体虽然也有多个,但不同监管主体间的职责边界并不清晰,且企业年金所涉资金运用与商业养老保险资金运用的监管主体均只有一个部门,前者是人社部,后者是银保监会。在金融产品混业经营大趋势下,养老保险资金的运用往往涉及银行、证券、保险等多个金融领域,单一机构监管易出现漏洞。同时,多个机构监管又不可避免会存在监管重复、监管推诿等问题。第一支柱的监管经验同样可为第二、三支柱养老保险资金运用的监管改进,提供宝贵借鉴。

当然,尽管三支柱养老保险资金运用均体现了信托的运作模式,但我们也应看到基本养老保险资金运用中的法律关系的特殊性。相较于企业年金、商业养老保险,基本养老保险作为一种典型的社会保障举措,旨在维护社会成员基本生活,促进公共福祉,无疑具有鲜明的公共属性(如建立目的的公共性、参保对象的公共性)。故基本养老保险资金运用中所体现的法律关系更为复杂,包括了信托法律关系和社会保险法律关系。而第二、三支柱的公共属性明显淡化,私益属性更为突出,相应法律关系更加贴近市场化的商业信托关系。这些差异将进一步影响到法律主体的权利义务结构,如基本养老保险中的委托人具有特殊性,存在显性与隐性两重性质。简言之,在养老保险资金运用过程中,不同类型养老金之间的法律关系也存在一些差异。

综上所述,为了更好地呈现体系化的三支柱养老保险资金运用的法律样态,同时基于三支柱养老保险资金的运用均体现信托关系的一致性,以及基本养老保险资金运用的规范经验和教训可为第二、三支柱资金运用提供的参照,本编对第二、三支柱养老保险资金运用的分析,将以对基本养老保险资金运用的分析为基础,以期通过第一、二、三支柱相互对照、衔接,发现差异和共性,进而寻求更多的经验和教训,更好地促进第二、三支柱养老保险投资运用规范的构建和完善。

# 第九章　养老保险资金运用的现状

## 第一节　养老保险资金运用的主要规范与内容

### 一、基本养老保险资金运用的规范现状及基本内容

长期以来，我国基本养老保险基金管理严格，投资范围狭窄，保值增值难度较大。① 2015 年 4 月，国务院常务会议作出放宽全国社会保障基金信托贷款投资比例限制的决定，将社保基金的信托贷款投资比例上限由 5% 提高至 10%。这为基本养老保险资金运用的信托运作释放了有益信号。同年 8 月，国务院发布的《基本养老保险基金投资管理办法》进一步扩大了基本养老保险基金的投资范围。该办法的出台说明基本养老保险资金运用的市场化操作已得到行政法规层面的确认。

首先，《基本养老保险基金投资管理办法》第 13 条、第 15 条、第 20 条和第 26 条确定了基本养老金信托投资的运营主体。即由省、自治区、直辖市人民政府作为养老保险基金的委托人，授权全国社会保障基金理事会直接投资或选择符合资质的商业银行和信托管理公司

---

① 参见杨复卫、张新民：《论公共养老金投资负面清单制度的构建》，载《兰州学刊》2017 年第 7 期。

作为投资管理机构。①

其次，该办法第 2 ~ 5 章分别明确了委托人、受托人、托管人、投资管理机构等各主体的权限和职责，尤其对受托人、托管人和投资管理机构的义务进行了细致规范。譬如，应当建立养老保险资金信托投资内部管理制度和风险管理制度等积极义务，以及不得将自己财产、他人财产、固有财产或其他不同类别养老保险资金与特定的养老保险资金混同管理等消极义务。

再次，该办法第 6 章对于基本养老保险资金信托投资的投资范围和投资比例作出了详细规定。依该办法第 34 ~ 36 条，基本养老保险投资范围主要包括四大类。② 同时，该办法第 37 条则进一步明确了对各投资产品投资比例的限制。③

最后，该办法第 9 章和第 10 章对于基本养老保险基金投资的监督部门和法律责任进行了明确。④ 除行政监督外，该办法第 57 条亦明确了社会监督可以作为补充监管的一种方式；从法律责任的规范

---

① 《基本养老保险基金投资管理办法》第 15 条将基本养老基金投资的受托机构定义为国家设立、国务院授权的养老基金管理机构，而根据人社部、财政部《关于授权全国社会保障基金理事会为基本养老保险基金投资受托机构的函》的规定，全国社会保障基金理事会为我国基本养老保险基金投资的受托机构。

② 一为风险相对较小的储蓄存款和中央银行票据；二为风险居中的债券类金融产品，如国债、地方政府债券、银行债券、短期融资债券等；三为风险较大的股权类金融产品，如股票、股权、股指期货以及上市流通的证券投资基金等；四为国家工程项目建设投资。

③ 活期存款、一年以内定期存款，中央银行票据、货币型养老金等风险较低的金融产品合计不得低于养老保险基金资产净值 5%；投资一年以上定期存款、地方政府债券、公司债券、混合型养老金产品等风险居中的金融产品合计不得低于养老保险基金资产净值的 135%；对于股票、混合基金、股票型养老金产品等风险较高的金融产品和国家工程项目类股权，则以投资比例上限进行限制，前者为 30%，后者为 20%。

④ 就监管责任的实施主体而言，虽然人力资源和社会保障部、财政部、人民银行、证监会和银保监会均有权进行行政监督，但从该办法第 52 条表述来看，上述部门均可对受托人、托管人和投资管理机构经营活动和业务情况进行行为监管，之间并不存在职能划分。

来看,该办法第 58 ~ 70 条对于受托人、托管人和投资管理机构及其人员规定了较为严格的行政责任和刑事责任,但未涉及民事责任。

## 二、企业年金资金运用的规范现状及基本内容

2004 年,我国原劳动和社会保障部颁布《企业年金试行办法》,原劳动和社会保障部、原银监会、证监会、原保监会联合发布《企业年金基金管理试行办法》(均已失效),规范企业年金的投资运营模式和管理。《企业年金试行办法》主要确立了企业年金投资的基本制度框架。根据《企业年金试行办法》第 15 条,建立企业年金的企业应当确定企业年金受托人,受托管理企业年金,从而确立了企业年金的信托投资模式。同时,《企业年金试行办法》还明确了企业年金信托投资的受托人主体。根据该办法第 15 ~ 20 条,企业年金受托人有两类,一为企业年金理事会,二为法人受托机构。

《企业年金基金管理试行办法》规定了企业年金相对广泛的投资范围。根据该办法第 47 条,企业年金投资的范围不仅包括银行存款和国债,还可以包括短期债券、投资性保险产品、证券投资基金和股票等具有良好流动性的金融产品。另外,《企业年金基金管理试行办法》在《企业年金试行办法》确定各方主体的基础上,对各方主体的资质要求进行了明确。对此,原劳动和社会保障部发布《企业年金基金管理机构资格认定暂行办法》,对企业年金基金管理机构的资格申请流程进行了细致规定。

2011 年,人社部、原银监会、原保监会、证监会联合发布《企业年金基金管理办法》,同时废止《企业年金基金管理试行办法》。2013 年,上述四部委联合发布《关于扩大企业年金基金投资范围的通知》(2021 年 1 月 1 日废止),将企业年金信托投资范围进一步扩大,不限

于《企业年金基金管理试行办法》第 47 条列举的内容,还包括商业银行理财产品、信托产品、基础设施债权投资计划、特定资产管理计划、股指期货等多样化金融产品。

现阶段,《企业年金基金管理办法》是我国企业年金资金运用的主要规范来源。首先,该办法规定了企业年金信托投资的受托人范围。根据该办法第 14 条与第 39 条,建立企业年金的企业应通过职工大会选任养老金管理公司和企业年金理事会作为企业年金资金信托投资的受托人,养老金管理公司和企业年金理事会可以将企业年金资金信托投资委托给证券资管机构、信托机构、保险资管机构、基金管理公司等适格资管机构开展投资管理业务。

其次,该办法第 2 ~ 5 章分别对受托人、账户管理人、托管人和投资管理人的主体资质与职责进行了明确。就主体资质而言,《企业年金基金管理办法》对上述主体的资格限制主要考虑如下要素:国家金融监管部门准入要求、注册资本、法人治理结构、企业年金基金从业人员人数、内部风控制度及对既往违法违规行为的审查。对于上述主体的义务要求,和基本养老保险一样,从积极义务和消极义务两方面予以规范。从积极义务的内容来看,上述主体应当在对企业年金资金进行管理、投资的同时及时核对会计核算和估值结果,将上述内容进行记录,形成企业年金基金托管报告、企业年金基金投资管理报告和业务情况管理报告,并与会计账簿和会计凭证共同提交监管部门。此外,该办法第 7 章和第 8 章对上述主体收益分配请求权和信息披露义务进行了明确。从消极义务的内容来看,上述主体不得进行下列行为:(1)将其管理的企业年金基金与固有财产等其他财产进行混同管理;(2)侵占、挪用管理的企业年金基金财产;(3)对其管理的企业年金财产与其他财产,或对其管理的不同企业年金财产进行不公平对待；(4)承诺或变相承诺保证收益；(5)利用管理的企业年金基金为相关利益人谋取不正当利益；(6)法律和合同约定禁止的其他行为。

再次，该办法第6章对企业年金基金的投资范围和投资比例进行了细化规定。就投资范围而言，依该办法第47条和《关于扩大企业年金基金投资范围的通知》，企业年金基金的投资范围基本可以涵盖目前金融市场的各类金融产品。不仅包括风险较低的银行存款、国债、中央银行票据等，亦包括风险系数较高的企业债券、股票、股指期货等。由于上述金融产品风险系数差异较大，为避免管理人投资决策失误给委托人带来的资金损失，该办法第48条对各类金融产品的投资比例限制作出规定。对于银行活期存款、中央银行票据、证券回购等风险较低的金融产品，其投放比例不得低于投资组合企业年金基金财产净值5%，投资债券正回购的比例不得高于投资组合企业年金基金财产净值的40%；对银行定期存款、短期融资券、投资连结保险产品、万能保险产品等风险居中的金融产品，其投资比例不得高于投资组合财产净值的95%；对股票等权益类产品和带有股权性质的高风险金融产品，投资比例不得高于投资组合企业年金基金财产净值的30%。上述投资范围和投资比例由人社部与银保监会、证监会共同进行动态调整。

最后，《企业年金基金管理办法》第9章对企业年金信托投资的监管主体进行了明确，即人社部作为法定的监管部门对法人受托机构、账户管理人、托管人和投资管理人的业务资质和管理行为进行监督。此外，根据该办法第80条，受托人、账户管理人、托管人、投资管理人开展企业年金基金管理相关业务，应当接受人力资源社会保障行政部门的监管。法人受托机构、账户管理人、托管人和投资管理人的业务监管部门按照各自职责对其经营活动进行监督。

## 三、商业养老保险资金运用的规范现状及基本内容

随着《关于开展个人税收递延型商业养老保险试点的通知》《个人税收递延型商业养老保险资金运用管理暂行办法》《个人税收递延型商业养老保险产品开发指引》等规范的发布，我国个人商业养老保险制度的发展正式开启。尽管现阶段个人商业养老保险种类有限，但其发展有利于补充基本养老保险和企业年金，并提升养老保险市场的活跃度，已经成为社会共识。

目前，我国关于个人商业养老保险资金运用的规范主要体现在《个人税收递延型商业养老保险资金运用管理暂行办法》中。该办法对个人税收递延型商业养老保险的资金运用有较明确的规定。

首先，该办法规定了保险人进行税延型养老险资金运用的基本原则。即税延型养老险保险资金运用，应当遵循安全、审慎、长期、稳健原则，根据资金性质实行资产负债管理和全面风险管理，坚持市场化和专业化运作，实现资金的长期保值增值(第 2 条)。保险公司可以根据自身的资产负债管理能力、大类资产配置能力、投资管理能力和风险管理能力，按照有关监管规定自行投资或者委托符合条件的投资管理人进行投资(第 3 条)。据此，个人商业养老保险资金可以采取信托模式委托专业信托机构进行投资。

其次，该办法规定了委托人和受托人的准入条件。就受托人而言，该办法第 3 条规定受托人可以是保险资管机构、证券公司、证券资管公司和证券投资基金管理公司等；第 6 条则对受托人的资本额、组织人员数量、投资经验年限和合法经营要求等方面进行了较详细的规定。

再次,该办法对受托人的资产配置、运作规范和风险管理亦有规定。在资产配置方面,主要强调受托人应将税延型养老险资金的投资目标、风险偏好、流动性安排等作为决策依据。在运作规范上,主要强调如下几方面:其一,投资资产可分为流动性资产、固定收益类资产、权益类资产、不动产类资产和其他金融资产五大类资产;受托人应当根据不同的资金特点分普通账户和独立账户进行管理,但该办法并未对每类资产的投资比例作出限制。其二,受托人应当亲自主动履行管理职责,不得进行转委托。其三,受托人应履行信息披露义务,即应向委托人主动、真实、准确、完整、及时披露投资方向、杠杆水平、收益分配、风险程度、托管安排等个人税收递延型商业养老保险投资信息。特别是在投资指引中明确"税延养老保险"字样,并列明信托投资资金的投资目标、投资范围、投资比例等。同时受托人应将投资决策文件、交易记录文件等投资记录进行妥善留存。

最后,该办法明确了税延型养老险资金信托投资的监督部门,即银保监会有权对受托人的资金运用季度报告和年度报告内容进行审查,且有权以非现场和现场监管相结合的方式,定期跟踪监测受托人资金运用情况,并对违规行为予以行政处罚。

总体而言,虽然在我国商业养老保险资金信托投资领域已存在相关规范,但较之基本养老保险和企业年金规定简单、可操作性有待加强,难以适应层次多样、不断丰富发展的商业养老保险产品样态。

## 第二节　养老保险资金运用的主要模式

### 一、基本养老保险资金运用的基本模式

从规范层面来看，财政部、原劳动和社会保障部在 2002 年 12 月颁布《全国社会保障基金投资管理暂行办法》。该办法第 2 条明确规定，全国社会保障基金理事会作为受托人，负责管理由国有股减持划入资金及股权资产、中央财政拨入资金、经国务院批准以其他方式筹集的资金及其投资收益形成的由中央政府集中的社会保障基金。2007 年财政部、原劳动保障部颁布《做实企业职工基本养老保险个人账户中央补助资金投资管理暂行办法》（财社〔2007〕8 号）。该暂行办法第 4 条规定，中央财政给予做实基本养老保险个人账户的补助资金由做实个人账户的省级人民政府委托全国社会保障基金理事会投资运营。因此，社会保障理事会作为委托人的投资运作模式是我国基本养老保险资金运用的一种方式。①

2015 年，国务院颁布《基本养老保险基金投资管理办法》（国发〔2015〕48 号，以下简称《投资管理办法》）。该办法对基本养老保险基金的投资管理、运作进行了专门规定，为养老金投资运作中的法

---

①　理论上，从受托结构和营运集中度来看，基本养老保险基金投资运营有四种方案：其一，国家指定的法人机构作为唯一投资运营主体；其二，由多家机构受托管理（单一委托人、多受托人的组织形式，既可以是国家不同组织机构间的半封闭循环系统，也可以纯粹市场机构受托管理）；其三，多主体委托、单一机构运营（省级社保经办机构作为委托主体，由唯一的机构负责投资运营）；其四，多主体委托、多家机构参与管理（由各省级社保经办机构作为委托人，受托人包括全国社保基金理事会在内的各机构参与受托管理和投资运营）。参见郑秉文主编：《中国养老金发展报告 2015——“第三支柱”商业养老保险顶层设计》，经济管理出版社 2016 年版，第 147 页。

律关系提供了制度层面的分析框架（见图4）。

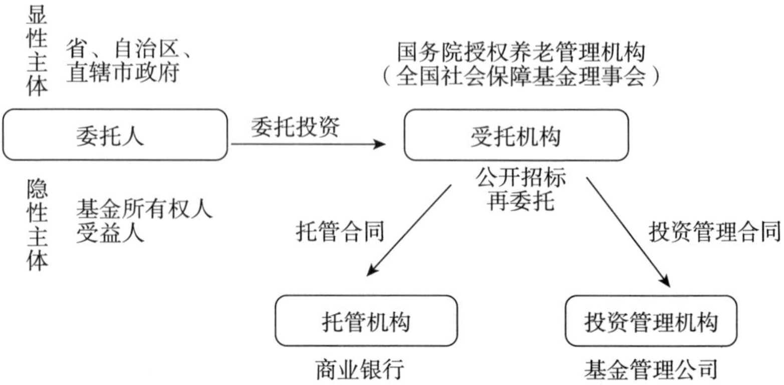


**图4　《投资管理办法》中规定的养老金投资运作的基本模式**

就委托人而言，相较于财政部等在2002年和2007年颁布的两个规范，《投资管理办法》的规定有所不同。该办法第13条规定，省、自治区、直辖市人民政府作为养老基金委托投资的委托人，并可以指定省级社会保险行政部门、财政部门承办具体事务。

就受托人而言，《投资管理办法》第15条规定受托机构"是指国家设立、国务院授权的养老基金管理机构"，没有明确具体主体，但依《全国社会保障基金条例》（国务院令第667号）第5条"全国社会保障基金理事会负责全国社会保障基金的管理运营"和第29条"全国社会保障基金理事会可以接受省级人民政府的委托管理运营社会保险基金"的规定，可以解释出，基本养老保险的受托人为"全国社会保障基金理事会"。

就托管人而言，《投资管理办法》第20条规定，托管机构是"接受养老基金受托机构委托，具有全国社会保障基金、企业年金基金托管经验，或者具有良好的基金托管业绩和社会信誉，负责安全保管养老基金资产的商业银行”。同时,《投资管理办法》第 26 条还明确了基本养老金中的投资管理机构,即接受受托机构委托,具有全国社会保障基金、企业年金基金投资管理经验,或者具有良好的资产管理业绩、财务状况和社会信誉,负责养老基金资产投资运营的专业机构。

## 二、企业年金资金运用的基本模式

企业年金是多层次养老保障体系的第二支柱。我国 2004 年施行的《企业年金基金管理试行办法》(已废止)对企业年金资金的运作进行了规范;2011 年实施、2015 年修订的《企业年金基金管理办法》进一步对企业年金的投资运作进行了专门规定(见图 5)。

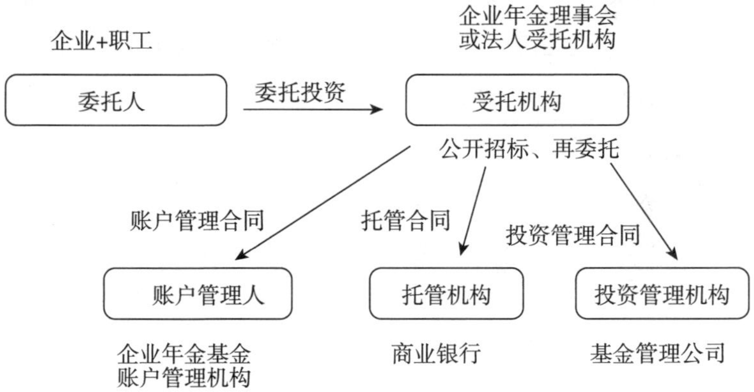


**图 5　《企业年金基金管理办法》中规定的企业年金投资运作的基本模式**

根据《企业年金基金管理办法》第 3 条,企业年金计划的企业及其职工作为委托人,与企业年金理事会或者法人受托机构签订受托管理合同。企业年金理事会或法人受托机构是作为受托人角色,再通过公开招标的方式，将受托权限全部或部分再委托给账户管理人、托管机构、投资管理机构等其他机构。因此，依据受托机构主体不同，可以划分为企业年金理事会模式和法人受托机构模式；同时在该分类基础上，根据受托机构除担任受托人外，是否还担任其他不同角色，可进一步区分为全分拆模式和部分分拆模式。[①]

全分拆模式，是指受托机构只担任受托人角色，将账户管理、托管、投资管理分别委托给其他独立的法人机构，如将托管业务委托给商业银行，投资管理委托给基金管理公司。部分分拆模式，是指受托机构只将账户管理、托管、投资管理中一项或者两项业务转移给其他独立的法人机构。

《企业年金基金管理办法》要求账户管理人、托管人、投资管理人均由专业机构担任，[②]但在企业年金理事会模式中，理事会仅是部分自然人的集合，其法律地位并不符合我国《民法典》对民事主体的界定和列举，即理事会并无独立的民事主体地位。因此，从法律层面而言，在企业年金理事会模式下，受托人只能采取全分拆模式，其必须将账户管理、托管、投资管理业务再委托给其他的独立法人机构。

### （一）法人受托机构作为受托人的模式

1. 法人受托机构全分拆模式

法人受托机构全分拆模式是受托机构将账户管理、托管、投资管

---

① 企业年金投资运营模式分类可参见胡峰主编：《企业年金理论与实务》，中国电力出版社2018年版，第115页。

② 《企业年金基金管理办法》第27条规定：本办法所称账户管理人，是指接受受托人委托管理企业年金基金账户的专业机构。第32条规定：本办法所称托管人，是指接受受托人委托保管企业年金基金财产的商业银行。第39条规定：本办法所称投资管理人，是指接受受托人委托投资管理企业年金基金财产的专业机构。

理业务等全部委托给其他独立法人机构。对于委托的账户管理人、托管人、投资管理人数量，《企业年金基金管理办法》并没有明确限制，但《企业年金基金管理试行办法》（已失效）第 25 条对托管人数量有限制，即“单个企业年金计划托管人由一家商业银行或专业机构担任”。

在法人受托机构分拆模式中，根据《企业年金基金管理办法》第 3 条规定，企业及其职工与法人受托机构之间签订受托管理合同，是一种信托关系。但是，根据该办法第 3 条，受托人与其他委托的独立法人机构签订委托管理合同，这不是一种信托关系，而是一种委托合同关系。界定为委托合同关系或信托关系，其差异在于产生不同的法律适用效果。信托关系适用《信托法》等，受托人将承担高标准的受信义务，而委托代理关系适用《民法典》中关于“委托合同”规定，按照一般民事合同权利义务展开。

《企业年金基金管理办法》也规定了一些受托人的义务内容。譬如，该办法第 23 条明确规定受托人的职责，即“（一）选择、监督、更换账户管理人、托管人、投资管理人；（二）制定企业年金基金战略资产配置策略；（三）根据合同对企业年金基金管理进行监督；（四）根据合同收取企业和职工缴费，向受益人支付企业年金待遇，并在合同中约定具体的履行方式；（五）接受委托人查询，定期向委托人提交企业年金基金管理和财务会计报告。发生重大事件时，及时向委托人和有关监管部门报告；定期向有关监管部门提交开展企业年金基金受托管理业务情况的报告；（六）按照国家规定保存与企业年金基金管理有关的记录自合同终止之日起至少 15 年；（七）国家规定和合同约定的其他职责”。①

2. 法人受托机构部分分拆模式

法人受托机构作为受托人时,可能只是将账户管理、托管、投资管理等业务部分分拆出去,故法人受托机构与账户管理人、托管人、投资管理人之间发生一重或多重角色的捆绑模式。

其一,法人受托机构与账户管理人捆绑模式。该模式除了由法人受托机构担任受托人角色外,还同时担任账户管理人,履行账户管理人职责,而托管业务和投资管理业务则委托其他独立的专门机构经营。在该模式中,由于法人受托机构与企业及其职工本身签订的是受托管理合同,为一种信托关系,而法人受托机构与账户管理人身份重叠时,账户管理业务并未转移,账户管理职责仍由受托管理合同规范。因此,在该模式下,法人受托机构主要职责有二:一是《企业年金基金管理办法》第 23 条规定的受托人职责;二是《企业年金基金管理办法》第 29 条规定的账户管理人职责。

其二,法人受托机构与投资管理人捆绑模式。该模式法人受托机构除担任受托人角色外,同时还担任投资管理人,履行投资管理职责,账户管理和托管业务则委托其他独立的法人机构经营。在该模式中,法人受托机构的主要职责有二:一是《企业年金基金管理办法》第 23 条规定的受托人职责;二是《企业年金基金管理办法》第 41 条规定的投资管理人职责。

其三,法人机构与账户管理人、投资管理人模式。该模式法人受托机构除担任受托人角色外,还同时担任账户管理人、投资管理人,履行账户管理人和投资管理人角色,而托管业务则是委托给具有托

① 参见《企业年金基金管理办法》第 23 条。

管企业年金基金财产资质的商业银行。在该模式下，法人受托机构承担《企业年金基金管理办法》第 23 条规定的受托人职责、《企业年金基金管理办法》第 29 条规定的账户管理人职责、《企业年金基金管理办法》第 41 条规定的投资管理人职责。

此外，实务中还存在法人受托机构全捆绑模式。这是法人受托分拆模式的一种特殊形式，由同属一个金融集团的不同企业为建立企业年金计划的企业和职工提供受托管理、托管、账户管理和投资管理全部服务的模式，又称为“金融控股集团全捆绑模式”。[①]

### （二）理事会作为受托人的模式

同法人机构作为受托人一样，理事会为受托人时，也可区分为理事会受托全分拆模式和部分分拆模式。

理事会作为受托人的全分拆模式中，理事会不兼任账户管理人、托管人和投资管理人，仅履行受托管理人合同和《企业年金基金管理办法》第 23 条明确规定的受托人职责。理事会与账户管理人、托管人、投资管理人签订的委托代理协议，是再委托业务及其主体职责履行的主要依据。

理事会作为受托人的部分分拆模式，在实践中通常较少出现。因为《企业年金基金管理办法》对账户管理人、托管人、投资管理人规

---

① 参见胡峰主编：《企业年金理论与实务》，中国电力出版社 2018 年版，第 115 页。

定了明确的资质条件,[①]如该办法第28条规定:“账户管理人应当具备下列条件:(一)经国家有关部门批准,在中国境内注册的独立法人;(二)具有完善的法人治理结构;(三)取得企业年金基金从业资格的专职人员达到规定人数;(四)具有相应的企业年金基金账户信息管理系统;(五)具有符合要求的营业场所、安全防范设施和与企业年金基金账户管理业务有关的其他设施;(六)具有完善的内部稽核监控制度和风险控制制度;(七)近3年没有重大违法违规行为;(八)国家规定的其他条件。”所以,一般企业难以满足如此严格的条件,故除了大型企业和金融集团公司外,一般企业在理事会作为受托人时,多采用全分拆模式。

## 三、商业养老保险资金运用的基本模式

2013年,党的十八届三中全会提出“制定实施免税、延期征税等优惠政策,加快发展企业年金、职业年金、商业保险,构建多层次社会保障体系”。2015年《政府工作报告》明确,将在2015年内推出个人税收递延型商业养老保险。“十三五”规划中也明确,发展职业年金、企业年金、商业养老保险。由此可见,发展商业养老保险是我国构建

---

① 《企业年金基金管理办法》第33条规定:托管人应当具备下列条件:(1)经国家金融监管部门批准,在中国境内注册的独立法人;(2)具有完善的法人治理结构;(3)设有专门的资产托管部门;(4)取得企业年金基金从业资格的专职人员达到规定人数;(5)具有保管企业年金基金财产的条件;(6)具有安全高效的清算、交割系统;(7)具有符合要求的营业场所、安全防范设施和与企业年金基金托管业务有关的其他设施;(8)具有完善的内部稽核监控制度和风险控制制度;(9)近3年没有重大违法违规行为;(10)国家规定的其他条件。第40条规定:投资管理人应当具备下列条件:(1)经国家金融监管部门批准,在中国境内注册,具有受托投资管理、基金管理或者资产管理资格的独立法人;(2)具有完善的法人治理结构;(3)取得企业年金基金从业资格的专职人员达到规定人数;(4)具有符合要求的营业场所、安全防范设施和与企业年金基金投资管理业务有关的其他设施;(5)具有完善的内部稽核监控制度和风险控制制度;(6)近3年没有重大违法违规行为;(7)国家规定的其他条件。

多层次养老保障体系的必然要求和发展趋势。

不过,在我国养老保险规范体系中,商业养老保险规定不够完善,仍处于探索阶段。目前主要由《关于开展个人税收递延型商业养老保险试点的通知》(财税〔2018〕22 号)、《个人税收递延型商业养老保险资金运用管理暂行办法》(银保监发〔2018〕32 号)等规范构成。《个人税收递延型商业养老保险业务管理暂行办法》(银保监发〔2018〕23 号)第 2 条对个人税收递延型商业养老保险产品进行了界定,即"是指经中国银行保险监督管理委员会批准,由具备经营条件的保险公司开办的,符合《产品指引》要求和本办法规定的商业养老保险产品。"但是,该定义内涵抽象,缺乏实质的界定要素。

对于个人税收递延型商业养老保险,《个人税收递延型商业养老保险业务管理暂行办法》第 8 条规定,保险公司开发设计税延养老保险产品应当以"收益稳健、长期锁定、终身领取、精算平衡"为原则,满足参保人对养老资金安全性、收益性和长期性的管理要求。该办法第 11 条进一步明确,税延养老保险产品分为收益确定型、收益保底型、收益浮动型,分别对应 A、B、C 三类产品。该办法第 14 条进一步规定,保险公司可向参保人收取的费用包括初始费、资产管理费和产品转换费。保险公司应当向参保人明示收取的费用项目和费用水平,并在保险合同中载明。费用收取应体现让利客户原则,确保清晰透明、水平合理。同时,参保人在开始领取养老年金前,可进行产品转换,包括同一保险公司内的产品转换,或跨保险公司的产品转换。可见,个人税收递延型商业养老保险的产品结构和交易方式已然和传统保险不同。

此外,由于商业养老金是指由商业保险机构提供或参与的,以养老风险保障、养老金管理和养老金融服务等为主要内容的产品和服务,[①]所以定期保险、两全保险、终身保险、投连险等都可以起到不同程度养老作用,都属于商业养老保险的范畴。从产品范围上讲,缴费人可以根据个人的风险偏好,通过账户购买任何保险,例如,从传统险、分红险,到万能险、投连险,均在“保险产品超市”中进行选购,并且可以转换产品、转换公司,也可以同时购买若干产品进行组合。[②]

以上述产品中的投连险为例,可作为分析商业养老保险产品中的一种典型投资运作模式。投连险,也被称“新型人身保险”或“理财保险产品”,是在21世纪初,由原保监会主导引进。原保监会在2000年《投资连结保险管理暂行办法》(已失效)第2条中明确,投连险是“包含保险保障功能并至少在一个投资账户拥有一定资产价值的人身保险产品”。可见,该界定中至少包含了“保险保障”“投资账户”“人身保险”三项要素。从投连险的资金流向来看,投连险的保险费改变了传统寿险“保费”的结构,仅将其中部分作为风险保障的对价。投连险的保险费所包括的费用较为复杂,主要有初始费用(支付佣金、市场推广费等成本,一般在前五个保单年度收取较高,五年之后一般不再收取)、买卖差价(保险费进入投资账户买入投资单位,赎回变现卖出时,一般存在5%的买卖差价费)、死亡风险保费(在投资账户中扣除与保险责任相应的保险成本)、保单管理费(维持保单有效而收取的服务管理费用)、资产管理费(投资账户资产越复杂,管理费用越高,一般每年每个账户不超过2%)、手续费(投资账户资金

---

① 参见郑秉文主编:《中国养老金发展报告2015——“第三支柱”商业养老保险顶层设计》,经济管理出版社2016年版,第108页。

② 参见郑秉文主编:《中国养老金发展报告2015——“第三支柱”商业养老保险顶层设计》,经济管理出版社2016年版,第12页。

转换时收取的管理费)、退保费用(中途退保或退出部分领域时收取的费用)等。投连险的保险费在扣除一些初始费用后,全部进入投资账户;之后,保险人会定期在投资账户中扣除死亡风险保险费及其他一些费用(如保单管理费)。

对于投保人所交纳的保费,其根据自己风险承担能力,自行决策其所交纳保险费在不同风险类型投资账户中比例,以此来满足不同的投保人需求。譬如,保险公司通过设立一个或者多个分离账户,如有"积极成长型投资账户""稳健收益型投资账户"之分,满足不同风险承受能力的投保人,进而决定"固定收益资产""权益类资产""流动性资产"等不同投资比例。①

上述养老保险产品资金的运作有别传统保险,相应法律关系更为复杂,故后文将对此进行进一步分析。

## 第三节　养老保险资金运用中的信托关系

基于养老金常年低收益的现状,养老金入市的呼声不断高涨。2015 年《基本养老保险基金投资管理办法》第六章"养老基金投资"扩展了投资范围,包括银行存款、国债、股票、股权、国债期货等。② 从目前养老资金的运用来看,无论是基本养老保险的投资运作还是企

① 如"泰康 e 理财投资连结保险产品说明书""光大永明金保来 A 投资连结保险说明书""海尔纽约人寿生财智道投资连结保险说明书"等。

② 《基本养老保险基金投资管理办法》第 34 条规定:养老基金限于境内投资。投资范围包括:银行存款,中央银行票据,同业存单;国债,政策性、开发性银行债券,信用等级在投资级以上的金融债、企业(公司)债、地方政府债券、可转换债(含分离交易可转换债)、短期融资券、中期票据、资产支持证券,债券回购;养老金产品,上市流通的证券投资基金,股票,股权,股指期货,国债期货。

业年金、典型商业养老保险产品资金运用,其实质上都是采取信托方式进行投资。

## 一、养老保险资金运用的集合投资方式及其信托结构

根据《基本养老保险基金投资管理办法》《企业年金基金管理办法》等规范,养老保险资金运用具有如下特征:

其一,养老保险资金是不特定的参保人通过缴纳保险费这种零散的资金汇聚而成的大规模资金。如在基本养老保险中,资金是来自于单位及其职工的社保缴费,故在投资运作中能够凭借规模优势参与不同投资对象。企业年金和商业养老保险亦是如此。

其二,无论是基本养老险还是企业年金、商业养老保险,其资金运用都是通过不同的专业机构完成的。如在企业年金中,企业及其职工向受托人签订受托合同后,受托人可以基于自身实力再委托不同的机构完成账户管理、托管、投资管理等业务。

其三,养老保险资金运用的安全性考量。通过组合投资的方式分散投资风险,即"不要把所有鸡蛋都放在一个篮子里"。譬如,在所有 OECD 国家的全部私人养老投资组合中,虽然各国情况不同,但债券和股票都基本占据了重要位置,截至 2009 年年底,债券和股票占到了这些国家私人养老金投资组合的 80% 以上,其中投资债券的比例明显高于股票。①

此外,养老资金投资运作所获投资收益由所有参保人共享,风险共担。上述特点可归结于集合理财、专家理财、组合投资、分散风险、

① 参见郑秉文、赵宏、单秀红:《中国基本养老保险基金投资管理改革》,中国劳动社会保障出版社 2014 年版,第 104 页。

利益共享、风险共担的集合投资方式特征。需注意的是，虽然这种集合投资方式与基金的运作模式本质上是契合的，但养老保险基金是通过法律明确基金的性质、来源、筹集、运营以及监管等方面内容，以在功能上实现专款专用，服务于参保人的基本生活保障。

事实上，无论是《基本养老保险基金投资管理办法》还是《企业年金基金管理办法》，抑或《个人税收递延型商业养老保险资金运用管理暂行办法》、中国保监会《关于规范投资连结保险投资账户有关事项的通知》等规范，其中都有养老保险资金运用中的信托关系的规定。但是，确定养老金资金运作的信托结构及其信托关系，则需要判断其是否符合信托的构成要件及其本质。根据《中华人民共和国信托法》（以下简称《信托法》）第 2 条对信托做出的界定，[①]养老金资金运用体现的法律关系亦符合信托的要件。

基本养老保险和企业年金采用基金方式，其信托交易结构是被监管规则所明确规定的，因为基金产品本身即为一种信托结构，契合《信托法》上对"信托"的界定。需注意的是，就商业养老保险而言，其产品类型较为丰富，并不全部采取信托结构，如万能保险的投资运作并非是一种信托结构。不过，信托投资的运作仍是一种典型方式。以投连险为例，该产品的资金运作亦是一种信托结构。[②] 从信托的基本要素（信托目的、信托财产、受托人、受益人）[③]来分析投资账户，其

① 《信托法》第 2 条规定："本法所称信托，是指委托人基于对受托人的信任，将其财产权委托给受托人，由受托人按委托人的意愿以自己的名义，为受益人的利益或者特定目的，进行管理或者处分的行为。"

② 参见李游：《资产管理人受信义务的类推解释及其履行——以投连险投资账户为例》，载《证券法律评论》2021 年卷。

③ 参见［日］能见善久：《现代信托法》，赵廉慧译，中国法制出版社 2011 年版，第 14 页。

符合信托的基本要素。其一,就信托目的而言,投连险所存在的经济诱因可能促使投保人忽视传统保险合同的保障,反而追求投资账户投资价值的增长。其二,就信托依据和信托财产而言,投保人与保险人签订保险合同,投保人所交保险费在扣除初始费用和买入卖出差价后进入投资账户,其中资产被保险人划分为等额的投资单位,投保人再依据投资单位的多少计算投资账户的资产。换言之,投资账户价值占总的投资账户价值的比例即为其所持有单位数量占总的投资单位的比例。其三,对于合同主体而言,保险人基于投保人对投资账户资金的指示,与投资标的公司发生交易;同时,也都存在受益人情形。因此,投连险投资账户的交易模式符合信托的基本要件。

## 二、养老保险资金信托投资的属性与类型

信托依不同的标准,可划分为不同的类型。譬如,依信托目的性质不同,可以将信托划分为私益信托和公益信托。私益信托是为受益人的私人利益而设立的信托,其存在可以识别的、特定的受益人(个人或者群体)。公益信托是为了公共利益而设立的信托,其没有特定化的受益人或者受益人范围存在。[①] 区分私益信托和公益信托的意义在于,二者在生效要件、管理结构、税收等方面存在不同的规定。因此,讨论养老金信托投资的基本属性及其类型将影响到相应规则的构建。

---

① 《信托法》第60条规定:"为了下列公共利益目的之一而设立的信托,属于公益信托:(一)救济贫困;(二)救助灾民;(三)扶助残疾人;(四)发展教育、科技、文化、艺术、体育事业;(五)发展医疗卫生事业;(六)发展环境保护事业,维护生态环境;(七)发展其他社会公益事业。"

### (一)基本养老金信托投资的基本类型与属性

1993 年党的十四届三中全会提出:“城镇职工养老和医疗保险金由单位和个人共同负担,实行社会统筹和个人账户相结合。”《社会保险法》第 11 条也进一步明确,基本养老保险实行社会统筹与个人账户相结合。基本养老保险基金由用人单位和个人缴费以及政府补贴等组成。可见,在基本养老保险中,其资金大体可由国家财政资助、单位缴费、个人缴费组成,实行的是“社会统筹和个人账户”相结合的筹资模式。这种模式在设计之初,其目的在于发挥社会统筹的社会共济性和个人账户的激励性,同时也反映基本养老金信托投资基本属性的复合性。

其一,统筹账户的公益性。基本养老保险金社会统筹账户资金是由社会保险经办机构按照缴费基数和比例向用人单位统一筹集、统一管理、统一运作的养老基金。《社会保险法》第 12 条规定,用人单位应当按照国家规定的本单位职工工资总额的比例缴纳基本养老保险费,记入基本养老保险统筹基金。国务院《关于建立统一的企业职工基本养老保险制度的决定》(国发〔1997〕26 号)第 3 条规定,企业缴纳基本养老保险费的比例,一般不得超过企业工资总额的 20%(包括划入个人账户的部分),具体比例由省、自治区、直辖市人民政府确定。统筹账户最能直接反映出基本养老保险金的社会互济性和保障性,故账户资金在信托设立体现了公益性,是为一种公益信托。

其二,个人账户的私益性。《社会保险法》第 12 条规定,职工应当按照国家规定的本人工资的比例缴纳基本养老保险费,记入个人账户。国务院《关于建立统一的企业职工基本养老保险制度的决定》规定,个人缴纳基本养老保险费的比例,1997 年不得低于本人缴费工资的4%，1998年起每两年提高1个百分点，最终达到本人缴费工资的8%。个人账户实行完全累积，由法律强制缴纳，且不参与社会统筹，并随着时间推移而不断增加。由此可见，个人账户具有个人的身份性和累积性，具有个人财产属性，故在养老金信托设立目的中无疑也包含对个人账户资金保值增值需求，具有信托设立的私益性，体现了私益信托的特点。

### (二)企业年金和商业养老保险信托投资的基本类型与属性

就企业年金而言，企业年金计划的建立主要是为职工提供退休收入补偿。根据《企业年金办法》第3条规定，企业年金所需费用由企业和职工个人共同缴纳。企业年金由企业缴费、职工个人缴费、企业年金基金投资运营收益构成。企业年金基金实行完全积累，为每个参加企业年金的职工建立个人账户，按照国家有关规定投资运营。企业年金基金投资运营收益并入企业年金基金。《企业年金办法》第17条规定，企业缴费应当按照企业年金方案确定的比例和办法计入职工企业年金个人账户，职工个人缴费计入本人企业年金个人账户。《企业年金办法》第19条进一步明确，职工企业年金个人账户中个人缴费及其投资收益自始归属于职工个人。即使企业和职工可以另行约定个人账户中企业缴费及其投资收益随职工在企业工作年限增加而逐步归属于职工本人，但其约定完全归属的年限最长不超过8年。[①] 由此可见，企业年金计划的建立及其信托投资的设立都是为实现职工个人账户的保值和增值，属于一种私益信托。

相较于第一、二支柱养老保险，商业养老保险的自益性则更加明

① 参见《企业年金办法》第19条。

显和突出。参保人自行购买商业养老保险，自由选择产品和风险等级。譬如，《个人税收递延型商业养老保险业务管理暂行办法》第31条要求不同税延养老保险产品应当设立单独的投资账户，并在资产隔离、资产配置、投资管理、估值核算等环节，独立于自有资金和其他保险产品。《个人税收递延型商业养老保险资金运用管理暂行办法》第15条规定，不同税延养老保险产品应当设立单独的投资账户。保险公司应当根据税延养老保险业务和资金特点，按照"普通账户"和"独立账户"管理要求，实行分账户的资产配置管理和资产负债管理。对于A类和B类产品，保险公司应当采用普通账户的管理模式。对于C类产品，保险公司应当采用独立账户的管理模式。尽管该办法并未明确这些账户的产品结构，但区分A、B、C三类产品，其中C类产品是以独立账户的方式管理，实际上有别于保险公司的一般账户，具有资产隔离等信托法律效果，是一种信托结构，并可进一步定性为金钱信托、意定信托、私益信托、自益信托、积极信托、商事信托。

# 第十章　养老保险资金运用完善的影响因素

## 第一节　养老保险资金运用中的规范因素

### 一、需进一步协调监管机构之间职能和要求

我国目前养老保险资金运用的相应规范尚存在一些待进一步完善之处，主要如下：

第一，不同养老保险资金投资管理规范对于监管主体的规定存在差异。其中，《基本养老保险基金投资管理办法》第 52 条将人社部、财政部、人民银行、银保监会和证监会共同作为养老金运营管理主体的监管部门，采用多主体协同监管模式。而依据《企业年金基金管理办法》第 9 章规定，人社部负责对受托人、账户管理人、托管人和投资管理人行使单一的监管职能。《个人税收递延型商业养老保险资金运用管理暂行办法》第 6 章则将银保监会作为单一的监督管理机构。这种监管主体的差异会直接影响后续监管内容和监管手段的分歧，造成不同类型养老保险资金投资监管的不协调。

第二，不同监管机构之间的有效信息共享机制有待建立。不论《基本养老保险基金投资管理办法》第 52 条还是《关于开展个人税收递延型商业养老保险试点的通知》第 3 条，均强调监管部门之间的沟通交流和信息共享。但是，各机构间缺乏有效的信息共享和交流方

式,容易影响监管效率。总体而言,在目前国家层面尚缺少一部统一的法律规范和统一的监管部门的前提下,养老保险资金信托投资运营者在经营中要面临不同监管体系和诸多监管机构不同标准的监管要求,这可能会影响养老保险资金信托业务有序经营。

第三,行政监管与社会监管的关系有待优化。以《基本养老保险基金投资管理办法》为例,该办法第57条规定,养老基金投资运营情况应当通过报刊、网站等媒体定期向社会公布,保障公众知情权,接受社会监督。任何组织和个人有权对违法违规行为进行举报、投诉,有关主管部门应当认真调查处理。该条规定意在保障参保人与受益人等相关利害关系人的监督权,对行政监管予以必要补充。但上述规范对于社会监督的主体和方式并未细化明确,且社会监督的调查主管部门也较为模糊,难以发挥很好的补充监管作用。《企业年金基金管理办法》《资金运用管理暂行办法》等规范中亦存在同样的问题。

## 二、需进一步整合不同规范之间内容

以信息披露义务为例,我国对于养老金信托投资中的信息披露主体和对象的规定是有待整合的。根据《基本养老保险基金投资管理办法》第45~49条,受托人、托管人和投资管理机构应向监管部门提交季度报告和年度报告;托管机构和投资管理机构应向受托人提交月度报告、季度报告和年度报告;受托人应向委托人提交季度报告和年度报告,且每年度向社会公布养老基金资产、收益等财务状况。而根据《企业年金基金管理办法》第72~75条,账户管理人和托管人仅向受托人提交季度报告和年度报告,受托人仅向委托人提交季度报告和年度报告即可,委托人、受托人、托管人和账户管理人均无须向监管机构履行信息披露义务。《资金运用管理暂行办法》第 30 ~ 33 条的规定则更加简单,仅要求委托人和受托人向监管部门提交季度报告和年度报告即可,受托人无须向委托人提交任何材料。这种规范间的差异化会导致经营养老保险资金信托业务的投资管理公司无法将养老保险资金进行统一化的处理和投资,进而影响养老保险资金信托市场的发展。

此外,不同规范之间还存在内容重叠。根据《基本养老保险基金投资管理办法》的规定,我国基本养老金的投资范围不仅包括银行存款、中央银行票据、国债等风险保障性金融产品,还可包括股票、股权期货、上市流通的证券投资基金等风险较强的投资性金融产品。而依据《企业年金基金管理办法》第六章和《资金运用管理暂行办法》第 16 条,企业年金和商业养老保险金的投资范围同样包括银行存款、国债、中央银行票据、股票、证券投资基金等。所以,从我国目前规范现状来看,基本养老金的投资范围基本与企业年金、商业养老保险金完全一致。这种投资范围的趋同化会导致基本养老保险无法充分发挥社会保障属性,同时商业养老保险亦无法发挥其固有的市场投资属性。

## 三、需进一步明晰法律主体之间权利义务内容

### (一)受托人谨慎投资义务内容

受托人作为养老保险资金信托投资法律关系中主要承担义务的主体,其义务履行的成效直接决定了养老保险资金运营的有效性,我国目前法律虽然赋予受托人以较大的投资权限,却并未对受托人进行对等的义务设计,这主要表现为谨慎投资义务规范的模糊。

受托人谨慎投资义务强调受托人在处理信托财产时，应当以委托人利益最大化为要旨，小心谨慎、考虑周全，尽可能避免给信托财产造成损害。① 养老保险资金信托作为典型的商事信托，受托人为具备专门理财素养的专业机构，对其谨慎投资义务的考察不能仅按照普通人的标准进行，而应当引入专家注意义务对受托人进行更高标准的要求。② 我国《信托法》第36条、《信托投资公司管理办法》(已失效)第23条和《信托公司集合资金信托计划管理办法》第26条均要求受托人应当履行谨慎投资义务，但对该项义务的履行仅进行了原则性规定。譬如，《基本养老保险基金投资管理办法》第55条和《企业年金基金管理办法》第12条，仅强调受托机构、账户管理人、托管人应当履行谨慎勤勉义务，但并未进行更加具体的规定，其对于受托人谨慎投资义务的规定较为宏观。《资金运用管理暂行办法》更是规范缺位。

谨慎投资义务规范的模糊性会带来一系列的消极影响。首先，谨慎投资义务规范的模糊性直接导致受托人责任承担规范的缺失，委托人、参保人和受益人无法获得切实有效的民事救济。其次，受托人谨慎投资这一类型民事义务和民事责任的缺失，进一步强化了重行政责任、轻民事责任的立法和监管倾向。以《信托投资公司管理办法》为例，该办法对于受托人、账户管理人、托管人等主体资质进行了较为严格的规范，但根据该办法第五章和第六章，其对于事中和事后的行为监管更偏向于金融秩序维护和风险防范，而非当事人民事权利救济。最后，受托人谨慎投资义务内容的模糊亦会导致行为监管

---

① 参见余卫明、贾楠:《论社会保障基金投资信托受托人的谨慎义务》,载《时代法学》2013年第11期。

② 参见余卫明、贾楠:《论社会保障基金投资信托受托人的谨慎义务》,载《时代法学》2013年第11期。

的缺位。由于缺乏受托人动态行为监管法律规范，为维护养老保险信托财产的安全性，只能依靠事先监管形成补位，由此产生因信托机构准入门槛过高而降低信托机构规模化经营盈利能力的弊端，牺牲市场经营效率。①

### （二）参保人和受益人权利内容

我国养老金现行规范体系仅对于委托人、受托人和托管人的职责进行了较为细致的列举，但对参保人和受益人的权利缺乏相应的规定。《基本养老保险基金投资管理办法》、《企业年金基金管理办法》和《资金运用管理暂行办法》中采取"相关当事人""各方当事人""保险当事人""参保人"的表述，但需要保护的当事人不局限于基金委托人，也应当包括受益人群体。《企业年金基金管理办法》在第25条中强调受托人的选任和更换应以符合受益人利益为原则，亦在第29条账户管理人和第36条托管人职责的规定中提及受益人知情权和给付请求权。但是，上述法规并未对参保人和受益人的知情权、选择权、监督权以及求偿权等权利进行细化规范，参保人和受益人在实践中不可避免地沦为委托人的附庸，无法为保障自身利益发挥主观能动性。

## 第二节　养老保险资金运用中的风险因素

### 一、养老保险资金运用的宏观市场风险

在养老保险资金运用过程中，将面临利率、通货膨胀风险、投资

① 参见苗苗：《基本养老金信托法律制度研究》，安徽大学2019年硕士学位论文，第14页。

对象的行业风险、金融市场的系统性风险等市场风险。《资金运用管理暂行办法》等规范亦是明确指出，保险公司应当建立风险管理机制，对利率风险、流动性风险、下行风险等风险进行识别、计量、监测和评估，有效防范和化解风险。

其一，利率、通货膨胀风险。据统计，养老金基金保值增值能力很差，长期以来年均收益率为同期银行活期存款利息，不到 2%，而 1993～2012 年中国 CPI 年均复合增长率高达 4.8%，明显处于贬值风险之中，基金缩水成为常态。[①] 如仅以基本养老保险在过去 20 年来的损失估算，以通胀率 CPI 为基准，贬值将近千亿元，以企业年金基金投资收益率为参考基准，损失将高达 3277 亿元。[②]

其二，投资对象的行业风险。投资对象的可预见风险至少包括其他创新型金融商品的竞争、国企产业结构的调整、地方债等特定投资对象的升值空间有限等，而投资对象的不可预见风险还包括自然灾害等特定事件。[③]

其三，金融市场的系统性风险。譬如，2008 年，由于受到世界性金融危机的影响，全球股市持续下挫，OECD 国家私人养老金也遭受重创，实际投资回报率低至 -22.5%，市值损失接近 3.5 万亿美元（从 2007 年年底的 18.7 万亿美元下降到 2008 年年底的 15.3 万亿美元）。[④]

---

① 参见郑秉文、赵宏、单秀红：《中国基本养老保险基金投资管理改革》，中国劳动社会保障出版社 2014 年版，第 3 页。

② 参见郑秉文、赵宏、单秀红：《中国基本养老保险基金投资管理改革》，中国劳动社会保障出版社 2014 年版，第 3～4 页。

③ 参见张春丽：《我国养老基金投资的审慎投资人规则》，载《中国法学》2016 年第 5 期。

④ 参见郑秉文、赵宏、单秀红：《中国基本养老保险基金投资管理改革》，中国劳动社会保障出版社 2014 年版，第 106 页。

## 二、养老保险资金运用的中观规则风险

就二、三支柱养老保险而言,目前已有基本框架,如 2004 年颁布的《企业年金基金管理办法》和 2018 年财政部、税务总局、人社部等颁布的《关于开展个人税收递延型商业养老保险试点的通知》,但这些规范比较笼统,还存在诸多规则不健全,亟待进一步细化。譬如,《资金运用管理暂行办法》第 22 条第 2 款明确要求,保险公司及投资管理人应当建立公平交易、关联交易管理等制度,建立健全风险隔离和防火墙机制,有效防控操作风险、道德风险、内幕交易风险及利益输送风险。但是,实际上该办法对这些风险的防范有待进一步的详细规定。

事实上,我国基本养老资金运用的规则存在诸多改进空间。自 1993 年提出"社会统筹和个人账户相结合"模式后,1995 年国务院发布《关于深化企业职工养老保险制度改革的通知》(国发〔1995〕6 号)开展"统账结合"改革试点;1997 年国务院发布《关于建立统一的企业职工基本养老保险制度的决定》(国发〔1997〕26 号)明确个人账户的私有属性;2005 年《关于完善企业职工基本养老保险制度的决定》(国发〔2005〕38 号)开始制定个人账户管理投资办法;2010 年颁布的《社会保险法》在基本法层面对"社会统筹和个人账户相结合"模式进行确认;2015 年国务院颁布《基本养老保险基金投资管理办法》。由此可见,基本养老金的主要规范起步较晚,且"养老金入市"投资规范实施不久,仍存在诸多争议。

此外,资本市场制度规则有待进一步发展。由于我国资本市场建立于 20 世纪 90 年代初,故当前资本市场总体还不够成熟,其基本特征还是"新兴加转轨",整体发展水平仍处于初级阶段,整体规模

小,股票债券市场结构失衡,市场机制不够完善,运行效率不高,投资者以中小投资者为主,机构投资者所占比重偏低。[①] 同时,我国相应资本市场法律颁布较晚(如 1993 年颁布《公司法》、1999 年实施《证券法》、2001 年通过《信托法》),内容也存在诸多有待进一步完善的地方。

## 三、养老保险资金运用的微观受托人风险

无论是基本养老保险还是企业年金、商业养老保险,采用信托投资模式,意味着资金须从委托人转移至受托人,受托人取得占有、使用、处分等权能,受益人则是期待通过受托人专业投资获得投资收益。这一委托模式下受托人享有很大的权能,存在传统的委托代理风险。即代理人有动力实现机会主义,在履行义务时偷工减料,或者甚至将按照约定属于委托人的某些利益据为己有,而且代理人承担的任务越复杂,代理人必须拥有的自由裁量权越大,相应的代理成本也可能越高。[②] 具体在养老保险资金信托中,受托人的风险主要表现如下:

其一,合理勤勉义务是否得以合理履行。在养老保险资金运作中,往往存在多重委托。譬如,在企业年金中,企业年金理事会作为受托人,其并无法律主体资格,在权利义务履行上缺乏承受主体。在实际运作中,对于年金理事会而言,其是特定自然人的集合,责任是由年金理事会共同承担的,因为在这种模式下,年金理事会是以共同

---

① 参见郑秉文、赵宏、单秀红:《中国基本养老保险基金投资管理改革》,中国劳动社会保障出版社 2014 年版,第 230 ~ 231 页。

② 参见[美]莱纳·克拉克曼、[美]亨利·汉斯曼等:《公司法剖析:比较与功能的视角》,刘俊海等译,法律出版社 2012 年版,第 37 页。

受托人的形式共同管理和处置企业年金基金财产的。[①] 同时,企业年金理事会再分拆账户管理、托管、投资管理等部分业务,其中再委托合同的性质是一般委托合同还是信托合同,存在争议,这进而影响到受托人义务的履行标准。

其二,利益冲突时的道德风险。受托人忠实义务的核心理念为"为受益人最大利益行事",包括受托人对受益人的忠实性,除受益人以外的任何人的利益都被排除在受托人考虑之外,并禁止利益冲突行为,预防受益人以外的人获得利益。[②] 在养老金资金运用中,受托人享有较大权限,在投资过程中难免出现利益冲突情形,在缺乏有效监督机制情况下,容易出现追求自身利益而牺牲受益人投资利益的行为。即使在基本养老保险中,亦存在利益冲突问题。如《基本养老保险基金投资管理办法》《全国社会保障基金条例》等现行规范,对受托机构及投资管理机构的道德风险及代理成本的事前预防及反向激励不足,而这两类投资机构的道德风险及代理成本,是养老基金等公共资金的投资无法回避的风险,表现为投资机构侵吞、挪用、混同养老基金资产及利用未公开信息牟利等。[③]《资金运用管理暂行办法》第22条也是原则性规定,仅规定保险公司及投资管理人应当建立公平交易、关联交易管理等制度,建立健全风险隔离和防火墙机制,有效防控操作风险、道德风险、内幕交易风险及利益输送风险。

其三,受托人内部治理风险。该风险主要是因为受托人内部人员及其内部风险防控机制不足,从而使得在养老基金投资过程中出

---

① 参见胡峰主编:《企业年金理论与实务》,中国电力出版社2018年版,第121页。

② 参见姜雪莲:《信托受托人的忠实义务》,载《中外法学》2016年第1期。

③ 参见张春丽:《我国养老基金投资的审慎投资人规则》,载《中国法学》2016年第5期。

现明显决策失误或应对市场风险明显处理不当等问题。《基本养老保险基金投资管理办法》第16条对受托机构职责规定包括“建立健全养老基金受托投资内部管理制度、风险管理制度和绩效评估办法”。《企业年金基金管理办法》对法人受托机构、账户管理人、托管人、投资管理人的资质条件均要求“具有完善的法人治理结构”。① 受托人风险管理和法人治理结构的规定均能反映出规范对受托人内部风险治理的严格要求，但目前养老基金投资受托机构及投资管理机构内部风险治理制度不健全，也缺乏专业化外部监管机制，进一步加剧了养老基金投资的风险。② 这种现象尤其在商业养老保险中表现明显，如《资金运用管理暂行办法》尽管规定了投资管理人，但规定有待进一步完善。

## 第三节　养老保险资金运用中的主体权利义务结构因素

### 一、承担主要投资风险的受益人权利有待进一步明确

在养老保险资金信托中，受益人的地位有待进一步明确。譬如，在《基本养老保险基金投资管理办法》中，省、自治区、直辖市政府作为委托人（显性主体）与受托机构（全国社会保障基金理事会）签订委托合同，而养老基金所有权的真正主体（全体参保人）和受益人并没有在该办法中得以明确，其只能作为隐性主体，由此使得基本养老

---

① 参见《企业年金基金管理办法》第22条、第28条、第33条、第40条。

② 参见张春丽：《我国养老基金投资的审慎投资人规则》，载《中国法学》2016年第5期。

保险信托投资模式中受益人法律地位缺失,无法享有《信托法》上的各项权利。正如有观点所称,无论是在高调宣扬养老金入市利大于弊的理论层面,还是在“养老金入市”的实践操作层面,政府自始至终处于“主导者”地位,而作为养老基金的所有权人和受益人则“集体失语”。①

与此同时,无论是基本养老保险还是企业年金、商业养老保险的信托投资,均是以集合投资方式呈现,这也导致实质上的受益人是不特定的零散个人,无法直接介入信托投资关系,无委托投资权,也无法实现对受托人运营风险的监督权,却要承担受托人的信托投资风险,因而存在明显的权利义务错配和失衡。

此外,从民事救济方面而言,目前《基本养老保险基金管理办法》《企业年金基金管理办法》《资金运用管理暂行办法》等规范主要是调整行政部门和专业机构之间的法律关系。在法律责任上,以行政责任为主,民事、刑事责任为辅。事实上,民事主体对于自我利益的关注所带来的民事责任可能比行政责任带来更好的社会效果,更何况《基本养老保险基金管理办法》《企业年金基金管理办法》《资金运用管理暂行办法》等规范对行政责任规范粗略。譬如,《资金运用管理暂行办法》在第六章“监督管理”中用一个条文规定了法律责任。即该办法第35条规定,保险公司和保险资产管理机构违反保险资金运用有关规定和本办法规定的,由中国银行保险监督管理委员会依法依规对公司和责任人实施行政处罚。对于其他投资管理人违反上述规定的,中国银行保险监督管理委员会将记录其不良行为,并通报

---

① 参见杜乐其、刘志国:《基本养老保险基金投资运营模式构建——以基金所有权为视角》,载《财经科学》2012年第7期。

其行业主管部门。保险公司和投资管理人应当根据内部追责问责管理办法，追究高级管理人员和主要业务人员责任。

## 二、享有投资管理权的委托人权力行使有待进一步监督

在基本养老保险中，省、自治区、直辖市政府是作为养老基金委托投资的委托人。《基本养老保险基金投资管理办法》第 14 条对委托人职责进行了明确规定，但《基本养老保险基金投资管理办法》对委托人职责的监督规范并没有形成有效机制。特别是该办法第十章“法律责任”中并未提及委托人失职责任；该办法第九章“监督检查”的监督对象也主要集中在受托机构、托管机构、投资管理机构及相关主体，并不包括对委托人的监督。①

由此可见，一方面，政府作为基本养老保险基金投资的委托人，享有对养老金是否进行市场化信托投资的决定权，同时也有权根据受托机构提交的养老基金收益率，进行养老基金的记账、结算和收益分配；另一方面，政府作为委托人，并不需要承担投资风险责任，仅在基本养老保险基金出现支付不足时，由其给予补贴（《社会保险法》第 13 条）。由于基本养老金运营效率和收益低，存在财务失衡状况，投资收益几乎没有贡献，严重依赖财政补贴，而在各级财政补贴中，来自中央财政的补贴占据了主导地位，历年来中央财政的补贴比例都超过了 78%。②

---

① 参见《基本养老保险基金投资管理办法》第 52 条规定：人力资源社会保障部、财政部依法对受托机构、托管机构、投资管理机构及相关主体开展养老基金投资管理业务情况实施监管，加强投资风险防范。人民银行、银监会、证监会、（原）保监会按照各自职责，对托管机构、投资管理机构的经营活动进行监督。相关部门在监督过程中应加强沟通与信息共享。

② 参见郑秉文主编：《中国养老金发展报告 2015——“第三支柱”商业养老保险顶层设计》，经济管理出版社 2016 年版，第 104～105 页。

享有投资管理权的委托人权力行使缺乏制约主要表现在基本养老保险中,企业年金和商业养老保险并不突出。需注意的是,《企业年金基金管理办法》第3条规定,建立企业年金计划的企业及其职工作为委托人,与企业年金理事会或者法人受托机构签订受托管理合同。企业作为委托人时,其选择受托人、账户管理人和托管人虽是企业的内部治理问题,但亦应当进行规则指导,防范选择受托人、管理人、托管人过程中出现侵犯职工利益的问题风险。

《资金运用管理暂行办法》第3条规定,保险公司根据自身的资产负债管理能力、大类资产配置能力、投资管理能力和风险管理能力,可以按照有关监管规定自行投资或者委托符合条件的投资管理人进行投资。由此可见,委托人并非参保人,而是保险公司。故在税延型养老险中,亦需要对保险公司作为委托人时的行为予以监管。

## 三、享有直接投资权的受托人义务标准有待进一步厘清

前已述及,养老金信托投资受托人应承担受信义务,但在目前《基本养老保险基金投资管理办法》《企业年金基金管理办法》《资金运用管理暂行办法》等规范中并未明确。受人之托,忠人之事,这是受托人受信义务的基本法理。受托义务是在英美法的衡平法中产生的,并依一些格言(maxims),以抽象的公平正义等理念使得法官能够充分发挥自由裁量权,弥补普通法的僵化,在诸多涉及一方滥用他人对自己信赖的情形下而赋予的救济。① 之所以强调受托人的受信义务,主要是为了在契约社会中引入一项义务来降低签约成本,因为

① 参见李游:《资产管理人受信义务的类推解释及其履行》,载《证券法律评论》2021年卷。

起草和执行一个可以涵盖未来所有可能性的完美合同是极其昂贵的,且在现实生活中并不存在所谓的完美合同,而受信义务正是填补完美合同和现实合同之间差距的最经济的方式。①

《企业年金基金管理办法》《资金运用管理暂行办法》等规范虽未明确受托人的受信义务,但在相应职责和禁止从事行为的规定上能够反映出部分受信义务的内容,如《资金运用管理暂行办法》第29条规定,税延养老保险资金运用不得从事下列行为:(1)以税延养老保险投资账户的名义使用不属于该账户的资金从事投资活动,或以他人的名义使用属于税延养老保险投资账户的资金从事投资活动;(2)不公平地对待税延养老保险投资账户;(3)挪用税延养老保险投资账户的资产;(4)利用所管理的资产谋取不正当利益,或进行利益输送;(5)从事内幕交易、操纵证券交易价格及其他不正当证券交易活动;(6)法律、法规和中国银行保险监督管理委员会规定禁止从事的其他活动。但是,这些规范并不足以反映受托人受信义务的基本内容,且缺乏义务履行的标准要求,对受益人信托利益的保护不足。

① 参见翁小川:《受压迫股东的救济路径研究:股东受信义务与法定压迫救济制度》,载《比较法研究》2021年第4期。

# 第十一章　养老保险资金运用的部分域外立法

## 第一节　美国养老保险资金运用的立法情况

### 一、美国养老保险资金运用的基本规则

美国的社会保障由社会保险、社会福利和社会救济三部分构成。其中1935年《社会保障法》(*Social Security Act*)首创的养老、遗属和残障保险(Old-Age and Survivors and Disability Insurance,OASDI)①作为开支数额最大项目占美国社保体系总开支的80%②,足以反映出美国养老金保值增值的现实需要。由于信托具备操作灵活、运作透明、资金隔离和监管严格等天然优势,为此美国于1974年颁布的《雇员退休收入保障法》(ERISA)强制要求养老保险资金运用须以信托模式开展。美国的养老金信托业务强调政府、社会团体和私人企业共同承担供给社会保障的职责,同时由美国联邦政府和各州分别经营不同类别的养老金信托产品,即美国的养老金信托业务呈现多

---

① 养老、遗属和残障保险依靠美国社会保障信托基金运营,其由养老和遗属保险信托基金(Old-Age and Survivors Insurance,OASI)和伤残保险信托基金(Disability Insurance,DI)两个子基金构成,前者根据1939年《社会保障法》修正案第201条设立,受益对象为退休者和遗属。

② 参见王兰芳、周蕊:《美国、瑞典养老保险制度的比较及对我国的启示》,载《南京理工大学学报》2005年第6期。

元化和双层次特点。因此,美国养老金信托产品也可分为两大类:一是以联邦政府层级的养老和遗属保险信托基金为直接资金来源的信托产品,其投资范围仅限于联邦政府定向发行的特种国债,不进行市场化投资。[①] 二是各州政府养老金计划和诸如美国保诚保险公司(Prudential Insurance Company)等财产保险公司、教师保险年金协会和学院退休协会基金(Teachers Insurance and Annuity Association-College Retirement Equities Fund,TIAA-CREF)等组织运营的私营养老金计划。私营养老金计划历史悠久,发展更快,同样以信托基金模式运营,[②]具体可细分为雇主养老金计划和个人养老金计划。前者代表为延迟安排退休金计划(Cash or Deferred Arrangement),后者主要指个人根据自身实际自愿、独立投保的储蓄性养老保险——个人退休账户(Individual Retirement Accounts,IRA)及其他用于养老的投资计划等。州级政府养老金计划和私营养老金计划采取市场化的资金运用策略,资金融通渠道畅通。[③] 上述不同类型的养老金计划资产管理灵活,可实现内部转化(如延迟安排退休金计划资产可转入个人退休账户)。另外,州级政府养老金计划和私营养老金计划的资产管理注重投资的长期性和分散性,其投资范围较为广泛,包括国债、股票、

---

① 根据美国《社会保障法》的规定,联邦养老和遗属保险信托基金只能投资于联邦财政部发行的专项债券,包括债权凭证(短期债券)和普通债券。由于上述债券由财政部控制发行利率、发行期限和发行规模,投资收益率与投资风险亦由政府进行担保,并且该专项债券可以在任何时间按照面值兑换现金,信托基金的流动性风险也可以得到有效防控。参见孙祺:《美国养老金管理模式对我国的启示》,载第一财经网 2015 年 8 月 21 日,https://m.yicai.com/news/4675193.html。

② 为避免私营养老金计划的经营风险,《雇员退休收入保障法》禁止企业设立非基金模式的养老金信托计划。

③ 参见刘霞:《美国个人退休账户计划优势分析及对我国的启示》,载《保险职业学院学报》2020 年第 4 期。

债权等产品。

截至20世纪末,美国联邦和各州双层政府养老金计划中,超170,000亿美元的养老金通过信托模式设立,另外私营养老金信托基金亦超过30,000亿美元。[①] 其中,美国对于联邦政府层级的基本养老金信托基金进行集中管理,由国家税务局(Internal Revenue Service,IRS)根据个人收入一定比例扣缴后全额交由社会保障信托基金统一管理和运作,以确保基金保值增值。[②] 得益于信托模式的高收益率,自2012年后,该项基金投资的实际收益率一直维持在5.8%左右。[③]

私营养老金计划中雇主养老金计划的运营并非由雇主和企业直接进行,而是通过员工代表成立管理委员会,由管理委员会负责雇用具有专业投资技能的职业管理人进行日常管理和资金运用。职业管理人依据资信状况既可以选择商业银行、人寿保险公司和信托投资公司,亦可选择个人作为受托人对于私营养老金信托基金进行投资。以较为典型的延迟安排退休金计划为例,该计划起源于1978年《国内税收法》(*Internal Revenue Code*)新增的第401(k)条,故亦被称为401k计划。该计划强调雇主在为雇员提供企业年金计划时,可以在税前列支一定的企业年金供款。[④] 实践中,401k计划资金运用较为自由,在实现收益与风险最佳组合方面具备更多选择。也正因为

① 参见张明玺:《养老信托的国内实践》,载《大众理财顾问》2018年第10期。

② 参见郑则鹏、邓慧博:《养老信托业务的国际比较研究》,载《湖北社会科学》2012年第10期。

③ 参见张媛:《国外养老保险基金信托运营及对中国的启示》,载《调研世界》2011年第10期。

④ See Internal Revenue Code § 401. Qualified pension, profit-sharing, and stock bonus plans (k) Cash or deferred arrangements.

401k 计划在税收、管理和投资运作方面存在一定优势,其独有的激励性和灵活性使之逐渐取代传统政府养老金计划成为美国养老金计划的主导。截至 2013 年年底,401k 计划资产共计 4.19 万亿美元,其中近 63% 的资产用于投向共同基金。①

私营养老金计划中的 IRA 虽然由参与者直接对其账户内部资产进行投资管理,但依《国内税收法》第 408 条规定,参与者可选择采用信托型资金管理模式。实践中,参与者可在美国商业银行、寿险公司、信托公司、证券经纪公司、共同基金公司和清算服务机构等金融机构开设账户的同时委托上述机构进行资金托管。② 由于 1978 年美国劳工部对于《雇员退休收入保障法》中"谨慎人"(Prudent Man)条款作出新解释,不再禁止养老金进入风险投资领域。③ 因此托管机构可将 IRA 资金用于购买银行定期存款、基金、股票、常规衍生品、寿险公司年金等各类风险不同的金融产品,但不能投向养老保险保单、收藏品,而且不能用于申请贷款或进行贷款抵押。早期出于资金安全和风险防控的考量,IRA 资金多流向银行定期存款等低风险金融产品。④ 而随着美国资本市场的不断发展和法律规范的逐步健全,共同基金发展势头较快,一跃成为美国投资者的第一选择。据统计,截至

---

① 参见孙祺:《美国养老金管理模式对我国的启示》,载第一财经网 2015 年 8 月 21 日,https://m.yicai.com/news/4675193.html。

② See Internal Revenue Code § 408. Individual retirement accounts.

③ 参见龚谨:《美国个人养老保险账户制度的经验及启示》,载经济观察报官网 2018 年 11 月 29 日,https://baijiahao.baidu.com/s? id = 1618456927408939536&wfr = spider&for = pc。

④ 20 世纪 80 年代 IRA 成立初期,80% 的资金用于配置于银行存款,4% 投资于共同基金,4% 以证券经纪账户的形式持有,剩余 8% 投资于保险产品。参见姚波:《共同基金成为 IRA 主要投资工具》,载中国基金报网,http://funds.hexun.com/2016 - 04 - 18/183363085.html。

2013 年年底 IRA 保有资产 6.5 万亿美元,其中近 45% 的资产由共同基金公司进行管理。[①] 共同基金公司一般会选择将其掌握的养老保险资金优先投向国内股票基金(占比 42%),其次为混合型基金(占比 21%)与债券基金(占比 16%),全球股票基金与货币基金占比较低(分别为 13% 和 8%)。[②] 而截至 2015 年年底,在 IRA 资产上涨至 7.3 万亿美元的同时,共同基金公司管理的资产比例亦攀升至 48%。[③]

目前,关于美国养老保险资金运用的规则,主要体现在养老保障类型的社会法之中,如规范联邦政府养老金计划的《社会保障法》、发起设立并规范私营养老金 IRA 的《雇员退休收入保障法》等。同时,因美国养老保险资金运用采信托模式,相关规则亦须适用《美国统一谨慎投资人法》(*U. S. Uniform Prudent Investor Act*)、《信托法重述》(*The Restatement of the Law of Trusts*)等信托法。其中,社会法主要对于养老保险资金运用的投资范围、投资方式、受托人选任标准及其先合同义务进行明确,而信托法主要立足于细化规范养老保险资金运用的受托人受信义务。现对具体规则进行如下列举:

### (一)《雇员退休收入保障法》明确的信息披露规则

美国《雇员退休收入保障法》明确要求养老金计划运营部门管理人员应履行对私主体和公主体的信息披露义务。首先,管理人员应当向参与人和受益人进行信息披露,且信息披露文件应当满足"可获

---

① 参见邱薇、刘李杰:《美国第三支柱养老金 个人退休账户(IRA)计划管理运作及借鉴》,载《清华金融评论》2014 年第 8 期。

② 参见邱薇、刘李杰:《美国第三支柱养老金 个人退休账户(IRA)计划管理运作及借鉴》,载《清华金融评论》2014 年第 8 期。

③ 参见姚波:《共同基金成为 IRA 主要投资工具》,载中国基金报网,http://funds.hexun.com/2016-04-18/183363085.html。

得性”。管理人员应将随时更新的概要性计划陈述、年报、养老金计划、谈判协议、合同或其他书面文件置于主要办公地点，使所有参与人可以获取相关信息。① 其次，管理人员有义务就年报和补充报告等信息资料向秘书处及养老金收益担保公司（Pension Benefit Guaranty Corporation, PBGC）备案。② 此外，2008 年美国雇员福利保障局（Employee Benefit Security Administration, EBSA）、养老金收益担保公司和国税局（IRS）三部门在总结《雇员退休收入保障法》实践应用的基础上，联合发布 Form 5500 年度报告。该报告对养老金计划运营部门的信息披露内容进行了更加细化的规范，包括养老计划说明书（Summary Plan Description）、年度总结报告（Summary Annual Report）、材料修改摘要（Summary of Material Modification）、关于福利索赔案件的判决通告（Notification of Benefit Determination）及与计划相关的其他文件。③

### （二）《雇员退休收入保障法》确立的养老金管理受托人选任标准

根据美国《雇员退休收入保障法》第 404 条规定，美国养老金计划必须由一名以上受托人依谨慎原则管理运营。为有效应对因养老金管理过程中出现的欺诈和破产导致的养老金资产重大损失，《雇员退休收入保障法》重点强调受托人的选任标准。根据该法第 404 条，受托人应当满足以下条件：其一，受托人能够亲自行使与计划管理活

① 参见杨复卫：《基本养老保险基金信托的证成与运行保障》，载《西南政法大学学报》2017 年第 3 期。

② 参见郑木清：《养老基金投资监管立法研究》，中国法制出版社 2005 年版，第 192 页。

③ 参见乐海燕：《美国雇员退休收入保障法案（ERISA）探究》，武汉科技大学 2015 年硕士学位论文，第 25 页。

动相关的权利,或管理与计划与财产相关联的其他事项。其二,受托人能为与计划相关的支出和收益提供有益的投资建议。其三,受托人能够对计划管理承担责任。[①]

### (三)《统一谨慎投资人法》所列受托人谨慎投资义务的判断标准

美国重视对于受托人谨慎投资义务的列举式规范,这些规范不仅规定了受托人在履行信托投资义务时应当谨慎考虑的判断要素,更列举了谨慎投资人的判断要素。依美国《统一谨慎投资人法》第2条第3款的规定,受托人在管理信托财产或将之进行投资时应当考虑如下与信托及其受益人相关因素:(1)整体经济状况;(2)通货膨胀或通货紧缩带来的影响;(3)投资决策和投资策略产生的预期税收负担;(4)每次投资或每次诉讼对信托文件中规定的投资在整体上带来的作用和影响,包括对金融资产、有形资产和不动产带来的影响;(5)收益和增值中产生的预期总回报;(6)其他与受益人相关联的要素;(7)资产流动性、收益规律性和资产保值增值要求;(8)如在特定交易中存在某资产对信托目的或受益人有特殊价值和特殊关系,亦应将之考虑其中。[②] 此外,在《雇员退休收入保障法》专章规范受托人谨慎投资标准的基础上,[③]《统一谨慎投资人法》对之进行更加具体化的规范,强调六大谨慎投资人判断标准。其一,受托人在进行信托投资过程中,应发挥其特殊职业技能优势,依据信托目的、期限、分配要求等考量因素充分履行信托义务。其二,受托人在进行信托投资时应充分考虑对受益人利益可能产生影响的全部因素,尤其应当

① See The Employee Retirement Income Security Act 404(a)(1).

② See Uniform Prudent Investor Act Article 2.

③ See The Employee Retirement Income Security Act 404. Fiduciary duties.

将风险与收益进行权衡。其三,受托人在投资过程中只能产生与投资行为直接相关联的成本。其四,为保障信托投资安全性,除非受托人有充分证据证明信托投资单一化能更好地实现信托目的,否则受托人应将信托财产的投资进行多样化选择。其五,对于谨慎投资人的判断不能基于某一项具体的投资行为,而应当将信托财产投资组合作为整体共同评价。其六,为保障受托人在投资决策方面享有更加广泛的自由裁量权,对受托人谨慎投资人的判断应在关注受托人投资决策行为过程基础上采动态判断标准,根据受托人做出投资决策时的具体情况进行个案分析。①

## 二、美国养老保险资金运用的监管情况

由于养老金计划类型多样,层级丰富,美国养老保险资金运用的监管采专业监管模式,即细分监管部门,对养老金信托基金进行专业化和针对性的严格监管。② 具体表现在美国对于联邦政府养老金计划、雇主养老金计划和个人养老金计划依据不同的法律确定差异化的监管部门。各部门分工明确,各司其职,在监管策略和监管手段方面亦存在差异。

政府养老金计划的监管由美国财政部总体统筹。财政部下设的国家税务局、美国劳工部(US Department of Labor)下设的社会保障局(Social Security Administration,SSA)、社会保障局内部的社会保障信托基金理事会(BTFOASDI)和非政府组织社会保障顾问委员会(SSAB)负责具体事项的监管执行。四部门权利义务由《国内税收

---

① See Uniform Prudent Investor Act Article 3.

② 参见郑则鹏、邓慧博:《养老信托业务的国际比较研究》,载《湖北社会科学》2012 年第 10 期。

法》《雇员退休收入保障法》等法律明确界定，责任清晰，体系运转流畅。其中，财政部负责专项管理信托基金的资金账户，其下设税务局在进行款税征缴并存入基金账户的同时负责监督税费征收的执行情况。社会保障局作为养老保险监管的首要机构，可以干预处理一切有关养老金融的事项（如规范养老金计划投资顾问审计要求，程序化投资顾问服务资质的审查等），亦可联合其他监管机构协同处理养老保险资金运用的纠纷。① 而社会保障信托基金理事会作为社会保障局的下设部门，专门负责信托基金短期和长期投资的调查、研究和操作事项的监管。在监管实践中，社会保障信托基金理事会尤其注重对于信托基金内部管理行为的监督，在审核权与基金发放权分离等方面坚持事前、事中和事后监管举措相结合。美国社会保障顾问委员会成立于1994年。该部门独立于行政部门，在坚持党派中立的前提下负责向社会保障总局局长提供社会保障计划战略决策建议，以确保社会保障总局和社会保障信托基金理事会监管的科学性和有效性。

美国职业养老金计划由美国劳工部负责统筹监管。财政部及财政部下设税务局依据《国内税收法》等法律授权负责涉及税收政策、税收优惠等方面的辅助监管。具体来看，财政部负责对于职业养老金计划税收优惠政策的制定。税务局负责对于税收法规、税收优惠政策的执行情况进行监督。劳工部主要负责其他事项的监管，如年报信息披露、财务审计行为以及受托人职责履行等方面的执行情况。一旦查明受托人违反受信义务或进行违规交易，劳工部有权代表养

① 参见严书：《养老金融的规范监管与法学回应——以养老金为中心的分析》，载《北方金融》2020年第8期。

老金计划受益人提起公诉。就监管模式而言,美国监管部门对于职业养老金计划采取审慎监管模式,尤其强调资产投资组合的类型限制和比例限制。实践中,监管部门一般要求职业管理人先行制定投资项目选单,通过赋予养老金计划参与者自主决定投资组合的权利来实现其账户资金运用的支配权。

美国个人养老金计划主要由美国财政部及其下设税务局负责税收监管。但是,由于个人养老金资金投资对象众多,关涉多类别金融机构,而社会保障型监管机构普遍缺乏金融专业监管背景和能力。因此虽然美国未针对银行、保险、证券公司等个人养老金管理机构分别设立专门的监管机构,但将间接监管的权力交由美国证券交易委员会、银行及保险监督机构。这些机构依据《证券法》《证券交易法》《投资公司法》等法律对于个人养老金计划投资对象及受托人义务等事项进行规范。

## 第二节　英国养老保险资金运用的立法情况

### 一、英国养老保险资金运用的基本规则

在英国,养老金计划主要存在三种类型,分别为国家养老金计划、职业养老金计划和个人养老金计划。其中职业养老金计划作为“近一个世纪以来英国最大养老金改革”的重要举措,主要以信托模式设立。雇主通过签订信托协议的方式设立养老保险基金,其运作模式为通过委托多家民营基金管理机构自由竞争管理资质后进行市场化运营和投资。政府在其中不直接参与基金投资运作,只行使监

督职能。[①] 实践中,英国职业金养老金计划可分为两种模式,一为收入关联计划(Defined Benefit,以下简称 DB 计划),二为货币购买计划(Defined Contribution,以下简称 DC 计划)。DB 计划亦称利益确定计划,按受益人退休或离开企业时在企业工作时长(一般有最低年限限制)计算应得的养老金利益,其数额相对固定。而 DC 计划主要根据员工和企业缴纳的分摊款项及养老保险的投资报酬来确定雇员可获得的养老金利益。虽然雇员和企业缴纳的分摊款数额相对固定,但由于投资报酬受金融市场风险影响,其可获得的养老金利益波动较大。英国个人养老金计划自 1980 年首创,本质为个人自愿参加的 DC 计划模式。为鼓励个人养老金计划的普及,英国政府对于投保人个人养老金计划缴纳的费用进行税务返还。从个人养老金计划的类型来看,该计划由保险公司等专业金融机构组织设计,种类多样。不仅包括养老保障功能较强的个人养老保险计划(Personal Pension Plan,PPP)和存托养老金计划(Stakeholder Pension),亦包括投资属性更强的个人投资养老金计划(Self-invested Personal Pensins,SIPPs)和补充性商业养老保险。[②] 由于产品类型众多,为便于投资者进行管理且自由选择投资产品,英国于 2012 年开始建立国家职业储蓄信托机制(National Employment Savings Trust,NEST)并引入全国统一的账户管理平台。投资者可以通过个人储蓄账户参与个人养老金计划,资金投向较为自由,投资者可以选择投资股票、开放式基金、信托、债权等。[③] 实践中,英国政府鼓励个人养老金计划的市场

---

① 参见何宝玉:《信托法原理与判例》,中国法制出版社 2013 年版,第 381 页。

② 参见王婷:《英国的养老金制度及其对我国的启示》,载《新西部》2019 年第 18 期。

③ 参见王军:《英国退休金怎么算,有多高? 第三支柱个人账户养老金漫谈(二)》,载百度网,https://baijiahao.baidu.com/s?id=1711168718784627592&wfr=spider&for=pc。

化投资,资金不仅可投入不动产、一般债权,亦可投入股票、风险投资基金等资本市场,甚至可投入艺术品、国外期权合同之中。

对英国养老保险资金运用的基本规范进行梳理可以发现,英国职业养老金投资作为典型的信托行为既受信托法调整,亦受到专门养老金法规范。首先,英国1925年颁布的《受托人法》(*Trustee Act*)对于信托法律关系中受托人的基本权利作出了简要规定,如以投资权为代表的信托事务处理权限、报酬请求权等。随后1961年和2000年,英国先后颁布《受托人投资法》(*Trustee Investments Act*)和新版《受托人法》,不断扩大受托人投资权限。而除《受托人法》《受托人投资法》等信托法外,英国养老保险资金信托投资的专门规范主要体现在1993年颁布的《养老金法》(*Pensions Act*)之中。该法经过1995年、2004年、2008年和2011年四次较大程度的修改扩充后,基本形成较为完善的养老金信托法律体系。该法在明确受托人资质的基础上,强调考虑到在养老保险金信托中,至少包含企业和雇员两个利益团体,全体一致决策难度较大。为保障投资决策顺利进行,提升效率,受托人应采取多数决决策方式。① 此外以受益人利益最大化为原则,受托人应将个人资产独立于其管理的信托财产,并随时保持账目的记录和更新。

由此可见,英国养老保险资金运用的规范特点在于尽可能地赋予养老金受托人广泛的投资权限。由于英国《养老金法》并未限制养老保险资金信托的投资范围,而是规定凡以受益人利益最大化为目的的投资,只要以书面文件对投资决策指导原则作出详尽说明,即可

---

① See Pensions Act 1995 Part I Occupational pensions. Functions of trustees. 32. Decisions by majority.

付诸实践。[①] 因此，英国养老保险资金投资范围较广，除基本储蓄外，还可用于投资本国及外国股票、本国及外国债券、房地产、抵押证券[②]、艺术品、外国货币等。但为避免因企业破产而导致的养老金损失，资产用于投资建立养老金企业的比例不得超过5%。[③] 以下对英国典型的规范性文件进行具体分析：

### （一）《养老金法》所确立的养老金管理的受托人标准

在英国养老金管理的实践中，受托人多由企业雇主、董监高和养老金管理专人担任。但为更好维护受益人合法权益，英国1995年《养老金法》要求养老保险金信托受托人必须包含受益人代表，且受益人代表应当占据总受托人一定比例。详言之，除受益人总数不足100人可以指定一位受托人外，受益人指定代表必须至少两人，且此类代表必须达到受托人总数的1/3。[④] 受托人依据1995年《养老金法》第32条至第48条履行多数决投票、信息披露、分散投资等忠实和注意义务，受益人群体中的受托人还应当履行定期接受培训等义务。[⑤]

除正向规范外，英国1995年《养老金法》还采用负面清单方式将不适宜进行养老金管理的部分人群排除在受托人之外。根据该法第

---

① 参见王娜：《我国养老金信托受托人法律制度研究》，东北财经大学2019年硕士学位论文，第18页。

② 参见华翠：《养老金与信托制度相结合的适用性：制度空间与路径选择》，载《暨南学报（哲学社会科学版）》2014年第9期。

③ 参见魏远、张泽远：《老龄化给中国发展带来四大挑战》，载《中国证券报》2006年12月13日，A7版。

④ 参见张佑唯：《英国养老金信托受托人法律问题研究》，辽宁大学2014年硕士学位论文，第8页。

⑤ See Pensions Act 1995 Part Ⅰ Occupational pensions. Functions of trustees; Functions of trustees of managers.

29 条规定,下列人员没有担任受托人的资格:(1)被指控触犯欺诈类刑事罪名的人员;(2)被宣告破产且尚未免除责任的人员;(3)虽然与债权人达成和解协议但尚未免除责任的人员;(4)无资格担任公司董事的人员。① 另外,该法第 3 条还赋予职业养老金管理局和法院审查养老金管理受托人资质的自由裁量权。一旦委托人曾因管理行为不当被上述机构撤销受托人职务,就会被记录在案,并丧失重新成为受托人的机会。②

## (二)《受托人法》明确的受托人谨慎投资义务判断标准

英国 2000 年《受托人法》第 1 条直接对一般受托人的谨慎投资义务作出定义。根据该定义,受托人必须依据当时情形尽合理注意义务,且运用相关技巧执行信托事务。而对于专业受托人,该法还强调应考虑普通人合理期待的从事相关经营活动的职业人应当具有的特殊经验和职业技能因素。③ 具体而言,第一,该法第 3 条赋予受托人广泛的投资权限,目的在于要求受托人遵循投资多样化要求。④ 第二,该法第 4 条要求在受托人进行投资后,应随时检查并思考是否应在考虑受益人利益前提下及时调整信托投资的对象和方式。第三,受托人应当将委托人财产单独管理,避免与其他委托人财产或受托人个人财产相混淆。第四,受托人应当在授权范围内通过有效投资尽可能实现增值收益,至少应最大限度地维持信托财产原有价值。

---

① See Pensions Act 1995 Part Ⅰ Occupational pensions. Trustees: general. 29. Persons disqualified for being trustees.

② See Pensions Act 1995 Part Ⅰ Occupational pensions. Supervision by the Authority. 3. Prohibition orders.

③ See Trustee Act 2000 Part Ⅰ The Duty of Care. Section1. The duty of care.

④ See Trustee Act 2000 Part Ⅱ Investment. Section3. General power of investment.

第五,除非自由裁量信托情形,受托人应确保受益人利益,不得任意抛弃或仅选择部分利益。第六,依信托协议或法律规定,严格执行受益人收益分配事项,并为受益人行使监督权(如查阅文件、核对账簿等)提供必要的便利条件。第七,受托人在进行信托投资中,应制订完善周密的操作计划。受托人在实施计划过程中不得违背委托人合理期待,人为忽视重要因素或进行可能导致信托财产被错误执行的其他行为。第八,除《受托人法》特别授权外,受托人应亲自履行资金信托投资义务,并尽可能避免受托人个人利益与其应负的信赖义务相冲突。① 另外,随着受托人投资范围的不断扩大,为降低投资风险,避免受益人损失过重,受托人应对于不同类型的金融产品设置不同严格程度的决策程序。具体表现在,除受托人可以直接进行投资决策的银行储蓄存款、政府债券等收益稳定型金融产品外,对于投资风险居中的产品,受托人在进行投资决策前应履行专家咨询程序。而对于投资风险较大的产品,则还需要将投入该领域的资金严格控制在适当数额之内。②

### (三)判例法列举养老保险资金运用中的受益人权利

英国特别重视在养老保险资金运用中保障受益人权利。这种保障不仅对受托人义务进行严格规范,更在立法和判例中赋予受益人知情权、监督权和依法求偿权。例如,一旦受托人违反养老金计划中信托合同的约定或其他有关信托管理事项,受益人有权提起诉讼。在英国麦克唐纳诉霍恩案(McDonald v. Horn1993)中,法院针对受

---

① See Trustee Act 2000 Part Ⅱ Investment. Section4. Standard investment criteria.

② 参见王婧:《养老金信托的相关法律问题研究》,北方工业大学 2010 年硕士学位论文,第 22 页。

益人在无力支付高昂诉讼费用的情境下，认定在满足胜诉可能性、发布成本支付令可能性、法庭对案件公正的感受和特殊考虑因素前提下，可以养老金支付受益人的诉讼费用。[①] 当然，受益人上述权利也存在限制。如对知情权的限制表现在，受益人无权了解受托人在信托投资中行使自由裁量权的原因和依据。[②]

## 二、英国养老保险资金运用的监管情况

在基于风险监管的不断实践下，英国对于养老保险资金的运用监管经历了从被动监管到主动监管的过程，也实现了专业监管、独立监管和主动监管的统一。[③]

英国的专业化监管与美国类似，主要表现在通过细分监管部门，以养老金计划办公室、职业养老金计划登记处、养老金监管局（前身为职业养老金管理局）、征缴局、金融行为监管局（前身为金融服务监管局）和职业年金咨询局等职能部门实现全方位、多体系的专业监管模式。[④] 其中，养老金计划办公室和职业养老金计划登记处主要负责养老金计划的批准和跟踪调研；养老金监管局负责对受托人行为进行合规监管；征缴局负责缴费过程的监管；金融行为监管局则负责对于养老保险资金信托机构进行主体监管。职业年金咨询局作为非政府监管部门，主要负责相关投诉的受理和调解。各部门虽然职能分明，但密切强化合作。如 2005 年养老金监管局与金融行为监管局签

---

① 参见何宝玉：《英国信托法原理与判例》，法律出版社 2001 年版，第 411 页。

② 参见何宝玉：《英国信托法原理与判例》，法律出版社 2001 年版，第 373 页。

③ 参见胡继晔等：《社保基金监管立法调研报告》，中国政法大学出版社 2011 年版，第 31 页。

④ 参见李小年等：《国外养老保险基金信托经验及其启示》，载《上海金融学院学报》2013 年第 6 期。

署合作备忘录,就监管职责分工和信息交流达成共识。前者主要负责职业年金养老金计划的日常管理,后者主要负责个人养老金信托机构的投资监管。① 在实践中,为避免单纯的内部监管由于利益纠葛而陷入失灵状态,英国养老金监管机构在监管过程中会引入第三方独立审查机制。如英国养老金监管机构发布的第 9 号实务管理手册中强调,对于受托人不当投资决策产生的投资风险,应引入独立的同业审查机制。其中,对于合规风险可以通过第三方合规报告予以控制,而对于管理风险应由第三方管理员发起内部质量审查流程。② 此外,英国养老保险资金运用还会用投保人、工会和社会舆论形成的社会监管起到补充监管的目的。③

在上述部门中,养老金监管局和金融行为监管局发挥最重要的作用,二者既相互独立,又在监管实践中坚持合作,分别依据被监管对象专业技能的差异而各有监管侧重。养老金监管局因受托人缺乏专业化的职业技能而采取较为严格的监管政策,监管目的主要立足于对于受托人职能进行全方位的事中及事后监管。④ 金融行为监管局的监管则因受托人多为专业金融机构,具有较强的专业管理能力而相对宽松,监管职能多集中于构建事前准入机制。具体来看,养老金监管局前身为职业养老金管理局(Occupational Pension Regulatory

---

① 参见张铃娣:《英国养老金信托法律规制研究》,中南大学 2009 年硕士学位论文,第 19 页。

② See Stewart F., *Pension Funds Risk-Management Framework*: *Regulation and Supervisory Oversight*, OECD. Working Papers on Insurance and Private Pensions. OECD Publishing, 2010, p. 53.

③ 参见张铃娣:《英国养老金信托法律规制研究》,中南大学 2009 年硕士学位论文,第 19 页。

④ 参见郑秉文、孙守纪:《英国职业养老金监管体制的发展历程》,载中国社保网 2015 年 1 月 17 日,http://www.spicezee.com/xinwen/92173.html。

Authority,OPRA),由英国1995年《养老金法》设立。① 该部门主要负责职业养老金计划中受托人资格审查和资格注销,任命新受托人,对受托人未获得精算评估、未获得投资指南等不当管理行为进行行政处罚以及应受托人请求,变更或终止养老金计划等相关事宜。② 职业养老金管理局有权要求受托人定期上报养老金计划文件,包括但不限于计划参与人就业情况,养老金计划的文件归档情况以及养老金计划的管理情况。③ 养老金监管局(The Pensions Regulator,TPR)根据英国2004年《养老金法》设立,它在取代职业养老金管理局的基础上不断扩大监管权限。④ 根据英国2004年《养老金法》的规定,养老金监管局作为养老金信托投资监管的核心部门,主要行使以下职能:其一,负责受托人的选任与撤销,并在受托人存在管理不当或其他侵害委托人利益的行为时更换新受托人;其二,发布信托运营计划和实践原则,定期对信托机构开展业务提供有益指引;其三,对信托资产管理机构进行行为监管。⑤ 例如,养老金监管局对于养老保险基金总资产和总负债每年至少评估一次,且每三年对于基金的全部资产和负债情况进行评估。一旦出现资产大于负债情形,养老金监管局可要求基金管理公司降低缴费率,或要求其补缴具体金额以便为养老金计划提供融资,否则可责令其进行整改。⑥ 金融行为监管局则主要

---

① See Pensions Act 1995 Part Ⅰ Occupational pensions. Occupational Pensions Regulatory Authority.

② 参见杨燕绥:《英国养老金入市监管的经验和借鉴》,载《上海金融》2003年第8期。

③ See David Norgrove. Changes in regulation of pension scheme. The Pensions Regulator,2005.

④ See Pensions Act 2004 Part Ⅰ The Pensions Regulator.

⑤ See Pensions Act 2004 Part Ⅰ The Pensions Regulator. Article1 – 106.

⑥ See Tim Jarvis. Stakeholder Pensions. Great Britain,Parliament,House of Commons Library,2001.

负责对于个人养老金等私营养老金,以及进行养老金资金运营的金融机构进行监管。为保障私营养老金资金运用的安全性和有效性,英国政府要求任何私营养老金供应商必须于金融行为监管局注册并经过严格审核。①

在养老金监管实践中,英国监管部门共同以为养老金投资者提供周到的保护为基本原则,即便对于市场化较强的个人养老金亦同样如此。以个人养老金为例:投资者因差异化的意见类型需要向不同类别的监管机构提出,如投资者对于个人养老金的基本运作机制提出意见,既可直接联系养老金提供机构,亦可向养老金申诉专员公署投诉。如果投资者对于个人养老金的销售行为存在疑问,可以联系养老金咨询服务网站或直接向金融服务申诉专员公署投诉。一旦个人养老金运营机构存在违法行为,投资者可直接向金融行为监管局进行投诉;如养老金运营机构破产,投资者可从英国政府运营的国家金融服务赔偿计划中获得足额赔付。②

## 第三节　日本养老保险资金运用的立法情况

### 一、日本养老保险资金运用的基本规则

日本养老体系是典型的"三支柱"体系。其养老保险主要由第一

---

① 参见孙宏涛、申鸣阳:《英国养老保险制度现状及其借鉴与启示》,载中国保险报网 2018 年 9 月 21 日, https://baijiahao. baidu. com/s? id = 1612183752144775769&wfr = spider&for = pc。

② 参见郑伟:《英国个人养老金制度及对中国的启示》,载《当代金融家》2017 年第 9 期。

支柱国民年金、厚生年金和共济年金①，第二支柱企业年金，以及第三支柱个人保险计划构成。第一支柱为强制保险，其中国民年金作为基础年金在全日本覆盖率最广，由国家和个人各自负担一半费用；厚生年金则强制雇员超过五人的企业参保，由雇员和企业各自承担相应比例的费用。第二支柱和第三支柱养老保险主要由企业和个人自愿加入。前者又可进一步划分为厚生年金基金（目前已停止运营）、合格退职金（目前已停止运营）、新确定给付型年金（DB）、确定缴费型计划（DC）等模式；②后者可进一步划分为个人缴费确定型养老金计划（iDeCo）、个人储蓄账户计划（NISA）和第一支柱国民年金（基础年金）第 1 类参与者的国民年金基金。自 1962 年开始，日本以养老金信托模式管理公共养老金、企业养老金③和个人养老金。早期业务基本由信托银行和人寿保险公司垄断，1990 年投资顾问公司参与资产运作后，三方开始形成自由竞争业态。④

目前，日本第一支柱公共养老金资金管理和运用受到《国民年金法》《厚生年金保险法》等法律调整，具体由 2001 年厚生劳动省成立的日本政府养老金投资基金（Government Pension Investment Fund，GPIF）负责。与其他国家公共养老金管理机构相对保守谨慎的投资

---

① 2015 年以前，日本实行厚生年金与共济年金双轨制，前者适用于企业职工，后者适用于公务员和教师行业；2015 年以后，两项年金合并为厚生年金。参见宋凤轩、张泽华：《日本第三支柱养老金资产运营管理评价及借鉴》，载《社会保障研究》2019 年第 6 期。

② 参见宋凤轩、张泽华：《日本第三支柱养老金资产运营管理评价及借鉴》，载《社会保障研究》2019 年第 6 期。

③ 参见［日］鹿野嘉昭：《日本的金融制度》，余熳宁译，中国金融出版社 2003 年版，第 354 页。

④ 参见刘新华：《我国企业年金信托之受托人制度研究》，中南大学 2006 年硕士学位论文，第 26 页。

策略不同,GPIF 作为全世界最大的养老基金坚持市场化运营策略。[①]其 2020 年第一季度投资年报显示,GPIF 将 52% 的资金投入股票,将 48% 的资金投入债券,国内资金和国外资金配比约为 1∶1。[②] 也正因为日本公共养老金资金运用坚持市场化的灵活投资,其不断迎来创纪录的投资回报率,2020 年无论是国外股票还是国内股票,抑或国外债券均取得了最高收益。[③]

日本第二支柱企业年金受《缴费确定型养老金法》《确定给付企业年金法》等法律调整。企业年金既可以委托信托银行及人寿保险公司等金融机构运营管理,也可通过全权委托形式将养老金委托给投资顾问公司或投资咨询公司,由后者将养老金委托给信托银行和人寿保险公司进行管理。[④] 在企业将费用上交给信托银行和人寿保险公司后,后者可以将该笔资金进行投资,投资范围不仅限于国债和存款,还包括动产信托、股票、不动产和外汇证券等。日本企业年金资金信托的突出特点在于其实施的总干事制度。代表全部受托人的总干事将企业年金统一管理运营,具体负责下列业务:收集和分配养老保险资金、汇总和总结养老保险资金运用情况、撰写项目管理报告书和财务报告书、管理新加入的受托人和受益人、进行财政预算和财

① GPIF 设立之初投资偏好趋于保守,以国内债券为主要投资标的。随着养老资金累计不足问题逐渐暴露,2013 年起,厚生省放弃对于养老保险投资渠道的限制,调整资产配置目标,股票相对债券比例逐年上升。参见周亚男:《公共养老金资产配置、投资绩效和管理比较——以加拿大、日本、中国、挪威为例》,载《上海保险》2019 年第 4 期。

② 参见 GPIF2020 财年一季度报告,https://www. gpif. go. jp/en/performance/2019-Q1-0807-En_036988. pdf。

③ 参见妙盈研究院:《全球最大养老基金:日本 GPIF 的 ESG 投资之道》,载妙盈研究院官网 2020 年 9 月 4 日,https://www. miotech. com/zh-CN/article/5f50b48f29afe60040858ce1。

④ 参见全国社保基金理事会:《日本养老金制度介绍》,载全国社保基金理事会官网,http://www. ssf. gov. cn/yljtzgl/201205/t20120509_5081. html。

政决算等。为防止信托银行和人寿保险公司恶性竞争，如总干事为信托银行，应另行选定人寿保险公司作为副干事，副干事公司负责对行业情况进行总括，反之亦然。① 另外，《缴费确定型养老金法》第六章规范了企业年金资金运用管理机构的准入机制和若干法定义务。首先，运营管理企业年金的机构必须为经过主管部长登记审批的银行或其他类型金融机构，一旦金融机构登记信息发生变动应当及时上报主管部长。② 其次，运营管理企业年金的机构应当尽到忠实义务和注意义务，不得有承诺保本收益、违规劝诱、挪用投保人财产弥补亏损等违反公平或损害管理机构信誉的行为。③ 最后，运营管理企业年金的机构应当注重对于信息的披露和保护。一方面，运营管理应当向投保人和主管部门如实披露业务范围，提供经营账簿等业务文件。另一方面，运营管理机构对于投保人个人信息的存储和使用应当建立在个人同意的前提下，且仅限于业务开展的必要范围。④

本书第二编对日本的商业养老保险已经进行了介绍。而对于日本第三支柱养老保险资金的运用管理立法规则较为复杂。对于第一支柱国民年金（基础年金）第 1 类参与者的国民年金基金，虽然其本质为私人养老金计划，但日本依然将之归入第一支柱公共养老金，受《国民年金法》调整。国家年金基金联合会（National Pension Fund Association）作为独立法人负责统一运营管理国民年金基金并委托金

---

① 参见刘新华：《我国企业年金信托之受托人制度研究》，中南大学 2006 年硕士学位论文。

② 参见確定拠出年金法（平成十三年法律第八十八号）第六章（確定拠出年金運営管理機関）第一節（登録）第八十八条－第九十三条。

③ 参见確定拠出年金法（平成十三年法律第八十八号）第六章（確定拠出年金運営管理機関）第二節（業務）第九十九条－第百条（確定拠出年金運営管理機関の行為準則）。

④ 参见確定拠出年金法（平成十三年法律第八十八号）第六章（確定拠出年金運営管理機関）第二節（業務）第九十九条之二、第百条（確定拠出年金運営管理機関の行為準則）。

融机构进行投资。而个人缴费确定型养老金计划(iDeCo)由《缴费确定型养老金法》规范,同样由国家年金基金联合会负责运营管理并确定投资收益。① 根据《缴费确定型养老金法》第五章和第六章的规定,iDeCo 系统化的资金运作流程如下:其一,国家年金基金联合会与合作金融机构共同订立契约,制定投资方案选项以供投保人自行选择。其二,运营管理机构作为提供投资建议的中介机构,主要负责在履行推介投资产品、进行金融教育义务的同时,指导投保人自主、有效地投资缴费。其三,为保障个人养老金的保值增值,国家养老基金联合会在进行个人 iDeCo 管理的同时,会选择向金融事务委托机构委托执行具体的资金运作活动。金融事务委托机构基于受托人义务向银行、证券公司、保险公司和信用金库等金融机构购入金融产品进行投资。但由于 iDeCo 投资的主要目的在于保障养老生活,因此金融机构对于养老保险资金的投资范围仅限于保险产品(生命保险和财产保险)、投资信托类产品与储蓄类产品(定期储蓄和担保投资)。实践中投资信托类产品占比最高,储蓄类产品次之,保险产品占总投资资产比重最低。其四,在金融机构向国家年金基金联合会的金融事务委托机构返还投资收益并经过运营机构审批后,委托机构负责向投保人发放免税个人养老金。② 此外,《缴费确定型养老金法》第六章所确立的业务准则亦通用于 iDeCo 资金运营管理机构。

日本个人储蓄账户计划(NISA)建立的初始目的在于为日本青少年群体提供鼓励其为养老生活提早进行准备的储蓄和投资账户。NISA 较之 iDeCo 更加强调投资属性而非养老保障属性。第二编已

---

① 参见《国家年金基金联合会设立、目的、组织》,载日本国家年金基金联合会官网,https://www.npfa.or.jp/org/purpose.html。

② 参见確定拠出年金法(平成十三年法律第八十八号)第三章個人型年金。

经述及，NISA 存在不同类型账户。就资金运用规则而言，初级 NISA 账户由居民法定监护人代为托管，该账户资金可用于股票、投资信托等投资性金融活动，但该账户只能由单一的金融机构开设，且无法更换。而普通 NISA 账户资金运用更加自由，可投入投资信托、国内外上市股票、国内外上市投资证券、国内外房地产投资信托基金和股票收购权债权之中。[①] 居民申请开立的 NISA 账户可以每年更换一次金融机构。NISA 则由于其主要针对初级投资者和投入少量资金的投资人，购买流程相对简单，信托费用维持在较低水平，相对应其资金投向亦受到较大限制，仅限于公开发行的股票投资信托和上市股票投资信托。[②] 另外与前两者差别较大的地方在于，NISA 强调多元分散投资和长期稳定投资的必要性，虽然账户单次投资额度受限，但投资期和免税期往往更长。就法律规范而言，由于 NISA 重金融投资属性，轻养老保障属性，日本政府并未针对 NISA 设立独立的法律。关涉 NISA 资金运用的法律规则散见于《金融商品交易法》《信托业务法》等规范之中，上述规范对于金融机构资金运用和投资管理的忠实义务和注意义务进行了明确。[③]

## 二、日本养老保险资金运用的监管情况

除第三支柱 NISA 由日本金融厅负责监管外，日本养老保险资金运用主要由日本厚生劳动省负责进行统合监管。以第三支柱 iDeCo 计划为例，厚生劳动省依据《缴费确定型养老金法》对于 iDeCo 计划

---

① 参见宋凤轩、张泽华：《日本第三支柱养老金资产管理：运营模式、投资监管及经验借鉴》，载《现代日本经济》2020 年第 4 期。

② 参见宋凤轩、张泽华：《日本第三支柱养老金资产管理：运营模式、投资监管及经验借鉴》，载《现代日本经济》2020 年第 4 期。

③ 参见金融商品取引法第三章金融商品取引業者等第二節業務。

中各类参与机构进行统一监管,不仅包括负责 iDeCo 计划运营管理的国家养老基金联合会和运营管理机构,更包括受托运用保险资金的金融事务受托机构和提供财产保值增值计划的金融机构。[①] 受到2015 年 AIJ 养老金诈骗案件的影响,日本厚生劳动省不断加强对养老金市场的监管力度。除《缴费确定型养老金法》等法律外,厚生劳动省还制定了《日本给付确定企业养老金实施规则》和《日本缴费确定养老金实施规则》,对受托人行为准则和缴费规则进行了细化规范。实践中,厚生劳动省主要履行下列职能:其一,对养老保险资金信托投资的适格主体进行审查,主要包括人寿保险公司、信托银行和基金公司等。其二,厚生劳动省对于所有企业金养老计划进行实质审查,特别是基金型给付确定类别企业养老金的设立应获取厚生劳动省事先批准。另外厚生劳动省尤其注重对于投保人的知情权和个人信息的保护,不仅要求养老金计划委托机构、运营管理机构和进行资金运用的金融机构处理信息时遵循必要原则,而且要求上述主体对于信息的利用和保护情况随时进行记录。[②]

而 NISA 不同于日本多数养老金计划,其主要作为金融工具受到日本金融厅制定的金融市场行业规范管制。在《金融商品交易法》、《金融工具经营者综合监管指引》和《信托公司等综合监管指引》等规则的调控下,NISA 计划中的信息披露义务和金融机构准入审查规范更加明确。如金融机构一旦运营 NISA 需要接受日本金融厅的事先审查,且履行提交年报等信息披露义务。一旦金融厅发现存在违

---

① 参见確定拠出年金法(平成十三年法律第八十八号)第六章(確定拠出年金運営管理機関)第三節監督。

② 参见《iDeCo 的工作原理》,载日本 iDeCo 官网,https://www.ideco-koushiki.jp/guide/structure.html。

规操作事由,可以要求其进行业务改进或直接发布停业令。不同于其他类型养老金计划全方位的严格监管,总体来看,日本金融厅对NISA采取相对宽松的监管策略。养老保险资金运用的效果和管理水平主要依靠市场运行的基本规律和市场自由竞争的经济秩序来提升。

# 第十二章　养老保险资金运用的规则改进

## 第一节　养老保险资金运用规则改进的基本导向

### 一、明确对信托法的适用

目前关于养老保险资金运用的规则并不完善，规范位阶低、内容抽象等问题突出。对于基本养老保险资金运用的规范，主要是以“办法”或“通知”的规范形式（《基本养老保险基金投资管理办法》等）；对于企业年金，主要也是“办法”规范方式（如《企业年金基金管理办法》《企业年金办法》《企业年金基金管理机构资格认定暂行办法》等）；对于商业养老保险，则是“暂行办法”或“意见”的规范形式（《个人税收递延型商业养老保险资金运用管理暂行办法》、国务院办公厅《关于加快发展商业养老保险的若干意见》）。由此可见，为提高养老金运用的规范指导性和可预见性，应明确资金运用的信托关系，从而有利于化解前述“政出多门、多头监管”带来的多方面问题。

在未来规范改进中，应注重法律之间的配合与衔接。因为不能寄托于某一部法律解决养老金运用相关的所有法律问题。特别是养老金运用作为一项金融活动，涉及《证券法》《信托法》《证券投资基金法》《保险法》《社会保险法》等基本法问题。毫无疑问，养老金的运用，亦须受到这些法律的约束。但遗憾的是，我国规范体系对此非常保守。譬如,《企业年金基金管理办法》第 1 条规定:“为维护企业年金各方当事人的合法权益,规范企业年金基金管理,根据劳动法、信托法、合同法、证券投资基金法等法律和国务院有关规定,制定本办法。”该办法并未直接指出,这种基金投资行为即是一种信托行为,适用《信托法》,而《个人税收递延型商业养老保险资金运用管理暂行办法》对此的规定则更加含糊。

我国基金的类型主要为契约型基金。契约型基金在运作模式和法律关系上又是按照信托原理来进行的。尽管《中华人民共和国证券投资基金法》立法过程中曾出现关于基金信托结构的争议,但从投资基金资产独立性来看,该法第 5 ~ 7 条规定基金资产独立于基金管理人、基金托管人的固有资产,基金财产债权不得与基金管理人、基金托管人固有财产的债务相抵销,并且非因基金财产本身承担的债务,不得对基金财产强制执行。同时,该法第 2 条明确该法未规定的,适用《信托法》等规定,进一步反映出法律对投资基金的信托法律关系的确认。由此可见,养老金运用中的信托关系有法律依据,并可以适用《信托法》,进而可依据该法解决养老金运用过程中的法律问题。

## 二、信托受益人权益的保护

信托设立的出发点和落脚点都是为了确保信托受益人获得信托利益。目前养老金信托投资关系中,对信托受益人权益保护关注较少。一方面,养老金运用各环节均直接关乎受益人权益;另一方面,养老金运用涉及复杂的法律结构和多重的法律关系。信托受益人处于交易的弱者地位,其介入交易本身存在难度。因此,在养老金运用的规范改进中,应强化或明确信托受益人权益的保护目标,落实和细化信托受益人保护的规则。譬如,在养老保险资金运用的信托关系中,应明确受益人主体地位,从而有利于保障受益人作为最终保险利益继受人的合法权益。在自益信托中,受益人与委托人为同一主体,委托人享有的权利同样也应当是受益人享有的权利。

在我国养老保险资金基本处于国家管理的现状下,受益人权利体系的构建主要从知情权、救济性权利展开。就知情权而言,我国目前只明确了受托人、资产管理人向委托人和监管机构的信息披露义务要求,但并未规定受益人知情权。如果对受益人知情权不进行细致的规范,在受益人与受托人间存在显著信息不对称的状况下,受益人亦无法对养老保险资金的使用情况进行合理的监督。由此可见,我国应在《基本养老保险基金投资管理办法》《企业年金基金管理办法》《个人税收递延型商业养老保险资金运用管理暂行办法》等办法中,明确规定受益人知情权。特别是应在相应"信息披露"部分,赋予受益人查阅、复制、记录受托人信托资金管理报告及投资决策关联资料的权利,并可要求受托人及相关投资管理人对于保险资金的管理和处分情况作出详细说明。[①] 与此同时,受托人及相关投资管理人亦应当为受益人知情权的行使创造有利条件,如主动提供各类复印件以备查阅,且不得无理由拒绝受益人知情请求权的行使。

受益人救济性权利表现在一旦受益人知情权的行使遭到拒绝且受托人拒绝说明理由或受托人以不合理的理由拒绝,受益人享有投诉和提起诉讼的权利。依我国现行法规定,受托人及投资管理人一旦违反信息披露等法定义务,仅承担行政责任,由人社部、银保监会

---

① 参见姚金海、李珍:《个人账户养老基金信托管理模式:一个法学和经济学的综合视野》,载《学习与实践》2009 年第 7 期。

等行政部门通过责令整改、暂停营业等行政处罚举措予以规范。该情形下,受益人作为直接受到损害的当事人,无法作为诉讼主体通过诉讼方式获得合法救济。因此,首先,受益人的救济性权利应当表现为受益人有权通过向行政机关投诉的方式,对于受托人及投资管理人的行为进行监督。其次,如果受益人存在实际损失,受益人有权提起养老金诉讼。目前,关于养老金诉讼已有代表诉讼模式的有益探讨。该模式解决了养老金诉讼中受益人主体众多,且成本高昂的诉讼难题,值得肯定。另外,针对受益人在诉讼中对于证据的获取更加不利的现状,应明确举证责任倒置,由受托人及投资管理人对义务履行承担证明责任。[①] 最后,我国《信托法》在救济途径中只规定了债权请求权的救济手段,为保障受益人救济的完全性和有效性,可通过事前救济方式赋予受益人停止侵权和排除妨害的绝对权请求权。

## 第二节　养老保险资金运用中受托人义务规则的改进

在信托法领域中,受托人义务主要包括注意义务和忠实义务,其他诸如分别管理义务、亲自执行义务和财产公示义务等也多可归类于广义上的上述两类义务之中。因此,受托人的义务规则改进主要从注意义务和忠实义务两方面展开。

### 一、注意义务内容的细化

目前的养老金规范中,对受托人有相应的注意义务规定,但规定

① 参见韩铁:《浅析中国养老金入市所面临的法律问题》,载《沈阳干部学刊》2016 年第 6 期。

内容较为笼统。譬如，《个人税收递延型商业养老保险资金运用管理暂行办法》第 19 条规定，保险公司及投资管理人应当制定税延养老保险投资账户和投资资产的估值管理制度，明确估值的程序和技术，健全估值决策体系；选取合理的估值数据源，使用可靠的估值业务系统；确保估值人员熟悉各类投资品种的估值原则及具体估值程序；完善相关风险监测、控制和报告机制。

在理论上，注意义务又被称为谨慎义务，在养老保险资金信托投资中主要表现为受托人的谨慎投资义务。受托人作为专业投资者与一般善良管理人相比，其义务更重，注意义务规则的细化有利于确保受托人依自己的职业技能进行专业化的投资。当然，由于谨慎投资义务的判断需要根据特定情势进行，为此，可以采取“原则＋规则”的形式，对受托人谨慎投资义务进行更具行为指引性质的规范设计。如确立受托人谨慎投资义务的三项基本原则：(1)合理分散风险原则，即通过差异化的投资组合方式，分散风险；(2)风险与收益相适应原则，强调受托人在进行投资决策时，应当综合对于信托产品的收益率和风险回报率进行精确的计算，避免出现高投资风险、低投资回报的不当决策；(3)交易成本节约原则，即受托人应当尽可能避免不必要的交易费用。

可以上述三原则为指导，通过列举的方法对受托人谨慎投资义务的判断要素进行规范。主要表现在：第一，受托人应当综合运用专业技能，在进行信托投资前，将信托投资目的、期限、预期总回报率、预期税收负担、资产流动性、收益规律性、资产增值保值特殊要求等与受益人相关联的要素考虑其中，尤其是收益和风险的匹配程度。第二，受托人在投资过程中应当严格控制成本的支出，成本支出应与投资目的具备直接关联性。第三，受托人应尽可能实现信托资产增值收益,如无法确定,至少应当保障维持信托财产的原有价值。由于养老保险金具有社会保障属性,应以更加稳健的手段确定一个最低投资收益率的波动幅度,如要求养老保险资金信托投资最低收益率至少达到全国信托投资平均收益率的50%。[①] 第四,除非受托人具有充分的证据证明单一信托投资产品化的选择更加能够实现信托目的,且更有利于保障受益人合法权益,否则受托人应采多样化的投资选择。第五,将投资范围区分为较窄投资范围和较宽投资范围,前者主要指用于银行储蓄和国债等安全性较高的资金投资。而对于银行储蓄和国债以外的投资范围,受托人在进行投资决策前,应当进行专家咨询程序,尤其应对其中的中高风险产品进行合理性评估。第六,对于受托人谨慎投资义务的判断不能基于一项具体的投资行为,而应当对受托人多项投资行为做整体性评价。

## 二、忠实义务范围的扩大

忠实义务强调受托人负有非法律授权不得获利的义务,且不得使自己处于与受益人利益冲突的地位。这在英美法中直接体现为“利益冲突禁止规则”。为使上述忠实义务更具可操作性,利益冲突禁止规则在发展过程中又逐渐产生若干子规则,包括利益冲突限制规则、禁止谋利规则及其他性质的忠实义务(如不得以个人偏好影响信托利益、禁止对于信托财产进行不公平对待等)。

利益冲突限制规则强调受托人以受益人最大利益为目的处理信托实务,而非为自己利益或第三人利益行事,因而无论受托人进行自

① 参见张淳:《我国社会保障基金投资信托法律规制研究——兼论有关信托特别法的制定》,载《江西社会科学》2009年第1期。

我交易、自我投资、关联交易，甚至同向交易均因其可能带来利益的冲突而应对其进行限制。我国《信托法》第 28 条强调，除信托文件约定或委托人、受益人同意外，受托人不得将委托人信托财产与其固有财产或其他委托人财产进行相互交易。在养老保险资金信托法律关系中，相关法律亦有更加细致的规范，如《基本养老保险基金投资管理办法》第 25 条和第 33 条强调托管人和投资管理机构均不得将其固有财产或他人财产混同于养老基金资产。《企业年金基金管理办法》第 38 条和第 45 条、《资金运用管理暂行办法》第 29 条亦存在同样规范。然而，上述规范仅强调财产混同管理的利益冲突问题，并未对自我交易和自我投资等其他可能造成利益冲突的交易模式进行更加细致的规范。

禁止谋利规则不仅强调主观上受托人不得利用受托人身份和地位为自己谋求私利，也从客观上强调除非受托人系共同受益人，否则不得享有信托利益。因此，禁止谋利规则甚至要求受托人负有竞业禁止的义务。我国《信托法》第 26 条规定除报酬请求权的行使外，受托人不得利用信托财产为自己谋取利益。但在养老保险资金信托法律关系中，法律规范呈现出矛盾和不相适应的问题。如《基本养老保险基金投资管理办法》第 31 条和第 33 条虽然对于侵占、挪用养老基金资产和利用养老基金资产为自己或他人谋取不正当利益的行为作出否定性评价，但此处谋取的利益为“不正当利益”，在限缩禁止谋利规则调整范围的同时，对于不正当利益的解释亦可能带来分歧。而《企业年金基金管理办法》第 43 条则对于为自己和为他人谋利行为进行区分对待，前者仅要求谋利即可，而对于后者则要求谋取不正当利益。①

《资金运用管理暂行办法》未对禁止谋利进行规范。从上述分析可以看出,在养老保险资金信托关系中,禁止谋利规则的适用条件放宽了,因而与《信托法》产生冲突。养老保险资金因其社会保障属性而较之一般商事信托更应当注重维护资金安全和投资增值保值,其规则应当在《信托法》基础上更加严格,或至少应当作同等要求。因而本书建议将《基本养老保险基金投资管理办法》和《企业年金基金管理办法》中禁止谋利的范围由“不正当利益”统一为“利益”。

此外,《资金运用管理暂行办法》亦应当明确受托人禁止谋利义务。对于受托人违反禁止谋利义务的法律后果,除受托人职责终止外,还应当明确委托人或受益人可依不当得利返还请求权要求受托人返还由此获得的全部收益,不足以弥补损失的部分应当由受托人进行赔偿。

## 三、明确受托人义务违反的民事责任

在我国目前养老保险资金运用的规范体系下,法律责任存在“重行政,轻民事”的倾向。无论《基本养老保险基金投资管理办法》《企业年金基金管理办法》还是《资金运用管理暂行办法》,均少有民事责任的规定。这种立法倾向弱化了受益人地位和救济权利。因此,相关法规应当通过强化受托人民事责任的规定,保障委托人和受益

① 《企业年金基金管理办法》第 43 条规定,有下列情形之一的,投资管理人职责终止:(1)违反与受托人合同约定的;(2)利用企业年金基金财产为其谋取利益,或者为他人谋取不正当利益的;(3)依法解散、被依法撤销、被依法宣告破产或者被依法接管的;(4)被依法取消企业年金基金投资管理业务资格的;(5)受托人有证据认为更换投资管理人符合受益人利益的;(6)有关监管部门有充分理由和依据认为更换投资管理人符合受益人利益的;(7)国家规定和合同约定的其他情形。

人合法权益。在作为典型信托关系的养老保险资金信托投资中,应当以受托人“注意义务”和“忠实义务”为核心设计民事责任规则。

首先,违反上述义务的归责原则应为过错推定原则。虽然我国《信托法》和养老保险资金信托相关规章并未明确违反注意义务和忠实义务的归责原则,多数学者依我国《信托法》第 22 条、第 23 条和第 25 条将其归责原则解释为过错责任原则。[1] 即只有当受托人存在主观过错时,才应当对其行为承担责任。但是,此处的过错责任应当明确为过错推定责任,从而有利于维持委托人(受益人)与受托人之间的利益平衡。

其次,应当赋予受托人法定免责的抗辩权利。无论是《信托法》还是《基本养老保险基金投资管理办法》《企业年金基金管理办法》,抑或《资金运用管理暂行办法》均呈现强化委托人权利、弱化受托人权利的立法倾向。除未对受托人投资权、管理信托财产裁量权和剩余控制权进行规定外,上述规范在要求受托人以受益人利益最大化为基本信托目的的同时,亦赋予委托人较大的指示性权利,如解任权、撤销权甚至变更信托资金管理方式的权利。由此产生的问题是,一旦二者存在冲突,受托人应当如何取舍。受托人作为具备职业技能和业务能力的专业投资人,其知识水平相比委托人和受益人往往更高。为维护受托人在处理信托资金时享有的主观能动性和投资裁量权,在限制委托人解任权的同时,应当在民事责任中规定,如果受托人有明确证据证明违反委托人指示更有利于实现信托目的和受益人利益最大化,则可以此对抗委托人解除合同和请求违约损害赔偿

---

① 参见张保军:《过错责任还是无过错责任——论我国〈信托法〉受托人赔偿责任的归责原则》,载《当代法学》2003 年第 9 期。

的权利，这样亦有利于提高受托人处理信托事务的积极性。

最后，由于养老保险资金承载保障功能，对于损害赔偿的范围现行法应当予以明确规定。依据我国目前《信托法》第27条、第28条的规定，受托人违反法定义务造成信托财产损失的应当承担损害赔偿责任。此处受托人赔偿的损害范围不仅包括因信托财产的不当减少而带来的直接损失，受益人的间接损失即可期待获得的利益亦应当包含其中。这样在强化受托人合理履行谨慎投资义务的同时，也符合信托财产救济兼具损害赔偿和"吐出救济"（返还救济）的功能。[①]

## 第三节　养老保险资金运用的监管改进

养老保险资金运用的主要目标在于通过市场化的投资运作，实现资金的保增值，进而保护投保人、被保险人和受益人的权益。但是，市场化的投资面临诸多风险，并可能影响养老保险资金的安全，故须国家公权力的适度介入，以对养老保险资金的运用过程形成有效监管。

### 一、不同养老保险资金运用的监管模式差异

#### （一）基本养老保险：政府行政监管，公权直接介入

该模式为政府作为公权力机关直接介入养老金运用，并对其进行监督和管理。这种模式在基本养老保险运用中表现明显。因为基

① 参见赵廉慧：《信托法解释论》，中国法制出版社2019年版，第311页。

本养老金具有社会保障性质,存有公益和私益的双重属性,政府对其资金安全性严格管理,对基本养老金的投资运营和管理模式进行管制。目前基本养老金暂未完全实现全国统筹,地方政府对养老金运作的行政管制色彩则更为明显,同时也存在政府自我管理、自我监督的弊端。这种主要依靠政府行政监管的监管模式虽能对资金的安全性进行有效监管,但容易使得资金运用效率低,难以满足对资金保值和增值目标的要求。

前已述及,《基本养老保险基金投资管理办法》规定了基本养老金运用的市场化规则。根据该办法第 15 条和《全国社会保障基金条例》第 29 条规定,基本养老金运用的受托机构为全国社会保障理事会。全国社会保障基金理事会负责对基本养老金运用管理,采取市场化机制运作,进一步与商业银行签订托管合同,进行资金托管,又与符合条件的基金管理公司签订投资管理合同,委托投资管理业务;同时《基本养老保险基金投资管理办法》拓宽了投资渠道,不仅限于银行存款、国债、地方债券等固定收益产品,还能投资股票、股指期货等激进型产品。[①] 有数据统计,在 2001 ~ 2014 年,全国社会保障基金年均投资收益为 8.38% ,显著高于同期的通货膨胀率。[②]

不过,全国社会保障基金理事会是财政部管理的事业单位。[③] 尽管其作为事业单位,但其理事长、副理事长由国务院任命,理事由国务院聘任,在人事管理诸多方面均与行政机构无异。因此全国社会保障理事会作为受托人,无市场的竞争压力,也易同地方政府(委托

---

① 参见《基本养老保险基金投资管理办法》第 34 条。

② 参见郑秉文主编:《中国养老金发展报告 2015——“第三支柱”商业养老保险顶层设计》,经济管理出版社 2016 年版,第 106 页。

③ 参见“全国社会保障基金理事会职责”,载全国社会保障基金理事会官网,http://www.ssf.gov.cn/jj/sbjjh/201205/t20120507_3998.html。

人)达成委托投资合同关系。此外,全国社会保障基金理事会又直接隶属于国务院,虽然名义上接受财政部与人社部的监督,但这种平行的同等级别部室之间的监督是非常微弱的,加之其资金主要来自中央财政直接拨款,与具体参保个体无直接的利益关系,导致社会监督机制不完善,如在投资风险评估、绩效评价、盈亏考核等激励手段上很是欠缺。[①]

### (二)企业年金:公权间接介入

该模式是介于公权直接介入和市场监管的折中监管模式。一方面,不同于基本养老金的强制性和法定性,企业年金计划是企业根据自身实力和条件建立,是作为职工基本养老保险的一种补充性养老保险制度。根据《企业年金基金管理办法》,企业年金信托投资的委托人是企业及其职工,受托人为企业年金理事会或者法人受托机构,再委托或业务再分拆模式中,账户管理人、托管人、投资管理人均是市场化的专业机构。政府并不直接介入企业年金的信托投资运作和管理。

另一方面,尽管企业年金的建立基于意思自治,但这也是其履行社会责任的重要表现,如《公司法》第 5 条规定公司应当承担社会责任。[②] 同时,《企业年金基金管理办法》也体现政府间接行政管理的特征,如该办法第 4 条规定,受托人应当将受托管理合同和委托管理合同报人力资源社会保障行政部门备案。此外,从本质上来说,企业年金的性质和基本养老保险类似,都是员工在退休之后的"养命钱",

---

① 参见谭中和、张兴:《基本养老保险个人账户基金投资运营与监管》,知识产权出版社 2013 年版,第 135 页。

② 公司承担社会责任的表现可参见《公司法》第 17 条规定:公司必须保护职工的合法权益,依法与职工签订劳动合同,参加社会保险,加强劳动保护,实现安全生产。

这一性质决定了企业年金基金具有强烈的低风险偏好，对它的管理应是低风险导向的，使年金资产在相对安全的前提下实现保值增值。①

企业年金的监管主体主要为人力资源社会保障行政部门，但在年金信托投资模式下，参与主体多元，还会涉及银保监会、证监会等监管部门。根据《企业年金基金管理办法》，这些政府部门监管的主要内容体现在如下方面：其一，事前监管，主要体现在准入机制。该办法对企业年金受托人、账户管理人、托管人、投资管理人等企业年金信托投资参与主体均明确规定了准入资质条件。② 其二，事中监管。主要表现在内部治理与风险防控、收益分配及费用限制、投资风险分散规则、信息披露要求等。其三，事后监管。主要表现在对退出机制和法律责任方面。如企业年金单一计划终止时，受托人应当组织清算组对企业年金基金财产进行清算。清算费用从企业年金基金财产中扣除（第68条）。

### （三）商业养老保险：侧重市场准入与行为监管

该模式下政府不直接介入，而是通过政策引导，以市场准入的方式，依靠市场机制，实现对专业机构的监管。这种市场准入的监管主要体现在专业机构的资质条件准入和商业养老保险产品的准入。以税延型养老险专业机构资质条件的准入为例，进行分析。

《资金运用管理暂行办法》第5条对保险公司开展个人税收递延型商业养老保险资金运用的业务条件进行了明确规定，如"资产负债

---

① 参见谭中和、张兴：《基本养老保险个人账户基金投资运营与监管》，知识产权出版社2013年版，第137页。

② 参见《企业年金基金管理办法》第22条等条款。

匹配状况良好,资产配置机制健全有效”“具备较强的投资管理能力”;[①]第6条对受托管理税延型养老险资金的投资管理人资质进行了明确,如“注册资本不低于5亿元人民币,或净资产不低于10亿元人民币”等条件;[②]第7条对履行税延型养老险投资账户管理职责的投资经理条件进行了明确,如“具备5年以上金融行业从业经验,3年以上投资经验且有业绩记录可循”等条件。[③] 此外,第8条对履行税延型养老险投资账户大类资产配置职责的组合经理提出更高的要求。[④]

在商业养老保险产品中,委托人有别于第一、二支柱养老保险,其基本上是自然人。而在第一、二支柱养老保险中,委托人可能为政府或企业等。在自然人和商业保险公司之间的交易中,容易存在客观的能力悬殊差异,容易存在侵犯委托人权益的情形。故对于商业养老保险,应更注重对保险公司的行为监管,特别是信息披露的监管。因为委托人的产品选择权和投资的追加建立在充分的知情权基础上。《资金运用管理暂行办法》第30条规定,保险公司和投资管理人开展税延养老保险资金运用业务应当向中国银行保险监督管理委员会报告,并提交业务条件符合性自评报告。报送材料应当真实、准确、完整,符合本办法及有关监管规定,不得存在任何虚假记载、误导性陈述或重大遗漏。但是,该办法所规定的信息披露较为笼统,对披露的标准、形式等缺乏细致规定。

此外,行为监管上,还应对保险公司的适当性义务、受信义务等内容进行监管,以此强化对委托人、受益人权益的体系化保护。

---

① 参见《个人税收递延型商业养老保险资金运用管理暂行办法》第5条。
② 参见《个人税收递延型商业养老保险资金运用管理暂行办法》第6条。
③ 参见《个人税收递延型商业养老保险资金运用管理暂行办法》第7条。
④ 参见《个人税收递延型商业养老保险资金运用管理暂行办法》第7条。

## 二、专业化监管权配置与协调机制构建

目前对于养老保险的监管，存在集中监管和分散监管模式。所谓集中监管是指一国政府在构建社保基金监管体系时，将监管职能赋予单一的机构，由该机构代表政府集中履行对社保基金的监管职能。① 这也可以称为一体化监管，该统一监管机构既承担宏观层面系统风险的监管职能，也负责对于微观层面的审慎经营和业务活动进行监管。而分散监管是指一国政府在构建社保基金监管体系时，将国家对社保基金监管的职能赋予两个以上相互独立的主体，并且这些主体大多是由政府现有的经济管理部门组成。②

就集中监管而言，其特点主要在于能够将养老金的监管权集于某一公权机构，监管目标和职责是比较明确的。并且，在这一公权机构内部进行分工运作，可以进行养老金相关监管信息内部共享，实现较高的监管效率，但相应成本也高。就分散监管而言，其特点主要在于多部门在职责范围内进行与之相关的业务监管，部门之间也能产生一定的监管竞争，但也容易产生部门职责不清、监管真空或重复监管问题。由此可见，相较于分散监管，集中监管更有监管效率，能够避免分散监管中多部门相互推诿或相互争权现象，并能够减少协调成本。但集中监管缺乏竞争，对其职责的监督弱化，容易与市场目标相左，政策风险更大。

我国养老金信托投资涉及多个监管部门，但人社部和财政部的

---

① 参见李连友、赵孟华：《集中监管还是分散监管——社会保险基金监管组织结构分析》，载《湖南社会科学》2004 年第 4 期。

② 参见李连友、赵孟华：《集中监管还是分散监管——社会保险基金监管组织结构分析》，载《湖南社会科学》2004 年第 4 期。

监管在养老保险投资中仍占主导地位。如要在养老金信托投资中，实现专业化监管权配置，可以成立社保基金监督局，接受国务院领导，赋予其较大的自主权，负责对包括社保基金在内的养老基金投资管理机构从市场准入到退出进行全程性监管，并在社保监督局下设立精干专业的监督业务局，具体监督养老基金投资的各项业务，接受养老基金投资的各项报表，为监督委员会行使职责提供服务，同时要求人社部、全国社会保障基金理事会、国税局、银保监会、证监会、中央人民银行根据不同监管职责参与其中。①

对于养老金信托投资涉及的多个监管部门之间的协调问题，目前可以采取谅解备忘录、联席会议机制等协同机制予以解决。譬如，为了加强监管机构之间的信息沟通等金融监管协调问题，国务院在2013年同意建立由中国人民银行牵头的金融监管协调部际联席会议制度。② 联席会议成员名单包括中国人民银行（牵头）、银保监会、证监会、外汇局，必要时可邀请发改委、财政部等有关部门参加，以行使“金融监管政策、法律法规之间的协调”等职责。当然，这只是监管机构之间的一个协调机制，并没有建立法律或规则层面的稳定制度。如果探索部门之间的合作机制、信息共享平台，仍需要在基本法层面做顶层设计。

---

① 参见江玉荣：《养老基金投资监管法律制度研究》，安徽大学2014年博士学位论文，第71页。

② 参见国务院《关于同意建立金融监管协调部际联席会议制度的批复》（国函〔2013〕91号）。

## 三、主要监管内容及其改进

### (一)明确市场准入制度

由于养老金本身与人们生活密切相关,且其市场化的投资行为为一项金融活动,牵涉诸多利益主体,影响甚大,故应设置一定的准入门槛,把不适格的主体排除在外,避免过度竞争。市场准入主要包括数量规制和质量规制两方面内容。前者主要是为了避免规模经济行业的过度进入且维持自然垄断以保持一个合意的垄断市场结构,后者主要考虑由于经验性产品在事前无法了解其质量,应避免信息不对称导致的逆向选择损害消费者利益。①

前述内容对养老基金投资机构准入监管和养老基金投资业务准入门槛进行了分析。目前规范有对投资机构准入门槛的明确规定,但对于审批原则和程序等具体规则不明确,使审批过程容易被行政监管者主导,具有一定的肆意性,对于市场上的机构数量等也缺乏目标规定。因此,对于养老金运用的市场准入监管,需要确立"谁监管,谁审批"的原则,并对评审程序等方面进一步细化。

除此之外,还应加强对养老基金投资从业人员准入监管。《全国社会保障基金投资管理暂行办法》没有对基本养老基金投资从业人员的资格和要求作出明确规定。《企业年金基金管理办法》规定的是,取得企业年金基金从业资格的专职人员应达到规定人数,但也未

---

① 参见郭磊:《企业年金市场进入规制研究》,载《保险研究》2009 年第 10 期。

明确具体要求。《资金运用管理暂行办法》对投资经理作出了要求。[①]《暂行办法》第20条规定，保险公司应当加强对税延养老保险销售人员的培训与管理，提高其职业道德和专业素质，不得引导或纵容销售人员进行违背诚信原则的活动，但未明确具体要求。未来监管改进中，需要进一步细化。

### （二）强化信息披露等行为监管

养老金信托投资中委托人与受托人之间不可避免存在信息不对称问题，因为受托人掌握信托资金运作中所承载的真实信息，而委托人可能基于专业背景、投资能力等因素，掌握信息远不如受托人，属于信息不对称的弱势方。为此，现代法上主要是贯彻公开（disclosure）的规范理念，建立以信息披露为核心的规则体系，实现市场的公开、透明，以便投资者具备自主决策的信息基础。所以，为增加投保人、被保险人、受益人的知情权，促进受托机构内部治理的完善，在养老金信托投资中，应建立信息披露制度的规范体系。

目前养老金运用建构了一些信息披露规则，如《基本养老保险基金投资管理办法》第八章“报告制度”即为信息披露规则。该办法要求，受托机构、托管机构、投资管理机构应当按照办法的规定报告养老基金投资运营的情况，保证报告内容没有虚假记载、误导性陈述或

---

① 该办法第7条规定，履行税延养老保险投资账户管理职责的投资经理应当符合以下条件：（1）恪守职业道德和行为规范，具有较强的社会责任感；（2）具备金融专业知识和相关的从业资格，熟悉所投资管理的资产的风险收益特征，熟悉交易规则及估值定价；（3）具备5年以上金融行业从业经验，3年以上投资经验且有业绩记录可循；（4）历史投资业绩稳定、良好；（5）无重大违法违规行为、重大投资风险事件、重大失职行为或不良诚信记录；（6）中国银行保险监督管理委员会规定的其他条件。

者重大遗漏,并对报告内容的真实性、完整性负责。[①] 受托机构要每年一次向社会公布养老基金资产、收益等财务状况。向委托人和国务院有关主管部门每季度提交养老基金财务会计报告、投资资产、收益等情况报告;向委托人和国务院有关主管部门、经济综合部门报送养老基金资产年度审计报告。[②]《企业年金基金管理办法》第八章,同样要求受托人、账户管理人、托管人和投资管理人应当按照规定报告企业年金基金管理情况,并对所报告内容的真实性、完整性负责。[③]《资金运用管理暂行办法》第 30 条明确,保险公司和投资管理人开展税延养老保险资金运用业务应当向中国银行保险监督管理委员会报告,并提交业务条件符合性自评报告。该办法第 31 条进一步规定,保险公司应当于每季度末结束后30 个工作日内和每年4 月30 日前,向中国银行保险监督管理委员会提交分投资账户的税延养老保险资金运用季度报告和年度报告。[④]

但是,上述规范存在责任主体不明、信息披露内容不及时等问题。如《企业年金基金管理办法》要求法人受托机构、账户管理人、托管人和投资管理人发生"减资、合并、分立、依法解散、被依法撤销、决定申请破产或者被申请破产的"等情形时,应当及时向人力资源社会

① 参见《基本养老保险基金投资管理办法》第 45 条。

② 参见《基本养老保险基金投资管理办法》第 46 条。

③ 参见《企业年金基金管理办法》第 77 条。

④ 报告内容包括:(1)报告期间资产负债管理情况,包括期限结构匹配情况、成本收益匹配情况、现金流匹配情况等;(2)报告期间资产战略配置规划和年度资产配置计划的总体执行情况;(3)估值原则、估值方法、投资账户估值结果与公允价值的偏离情况分析;(4)投资组合分析,包括各类资产风险收益特征、固定收益类资产的久期分布和评级分布、权益类资产的行业分布和地区分布、重仓标的集中度等;(5)业绩表现,包括报告期资产规模增长、投资收益率、归因分析等;(6)账户风险,包括各类资产风险状况及应对措施、风险预算、收益波动率、最大回撤、压力测试和情景分析等;(7)投资管理人选聘和动态监测情况;(8)中国银行保险监督管理委员会规定的其他内容。

保障部报告;账户管理人、托管人和投资管理人应当同时抄报受托人。[①] 其中,具体是由哪个主体报告并不清晰,不知是受托机构、账户管理人、托管人和投资管理人全部或者其中某个,容易相互推诿或者行为重复。同时,对于信息披露,强调真实性、完整性,但没有明确及时性要求,使得信息披露内容容易滞后。所以,对于该方面的行为监管改进,应当明确信息披露制度的责任主体、信息披露内容的及时性,同时对关联交易等利益冲突交易亦应当强化信息披露。此外,对于养老保险资金运用的行为监管,还涉及保险机构的说明义务、适当性义务等多方面的监管与改进。[②]

---

① 参见《企业年金基金管理办法》第 76 条。

② 这些行为规则的具体适用,需要更多从解释论上来分析探讨的研究。譬如,对于适当性义务的研究,可参见任自力:《金融机构适当性义务的规范逻辑》,载《法律适用》2022 年第 2 期。